U0902363

作者简介

李　进　女，1984年12月生于山东潍坊，2016年毕业于新疆大学马克思主义学院，博士期间专业方向为马克思主义与当代社会发展。曾于经济日报出版社、人民日报出版社任编辑，现于新疆农业大学马克思主义学院任教，所授课程为思想道德修养与法律基础。

媒体融合进程中的马克思主义大众化传播研究

李 进◎著

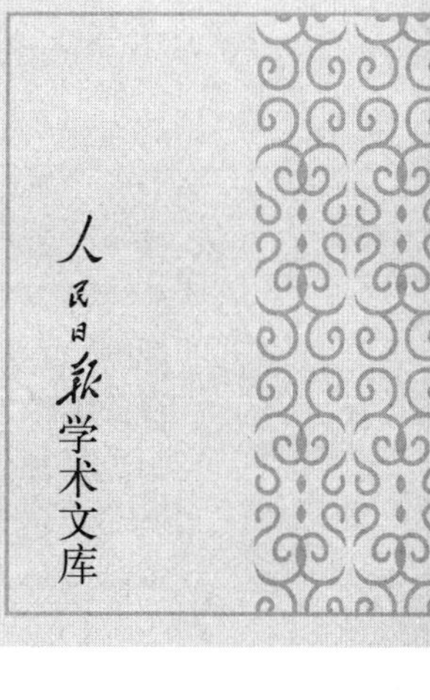

人民日报出版社

图书在版编目（CIP）数据

媒体融合进程中的马克思主义大众化传播研究 / 李进著. —北京：人民日报出版社，2018. 9
ISBN 978 - 7 - 5115 - 5567 - 0

Ⅰ. ①媒… Ⅱ. ①李… Ⅲ. ①马克思主义—大众传播—研究—中国 Ⅳ. ①D61

中国版本图书馆 CIP 数据核字（2018）第 156312 号

书　　名：媒体融合进程中的马克思主义大众化传播研究
作　　者：李　进

出 版 人：董　伟
责任编辑：刘天一
封面设计：中联学林

出版发行：人民日报出版社
社　　址：北京金台西路 2 号
邮政编码：100733
发行热线：（010）65369509　65369846　65363528　65369512
邮购热线：（010）65369530　65363527
编辑热线：（010）65369844
网　　址：www. peopledailypress. com
经　　销：新华书店
印　　刷：三河市华东印刷有限公司

开　　本：710mm × 1000mm　1/16
字　　数：187 千字
印　　张：13. 5
印　　次：2018 年 9 月第 1 版　　2018 年 9 月第 1 次印刷

书　　号：ISBN 978 - 7 - 5115 - 5567 - 0
定　　价：68. 00 元

前　言

随着信息网络科学技术的迅速发展,传统媒体和新兴媒体的融合成为媒体发展的大势。“媒体融合”是信息传输通道多元化运作下的新模式,其发展导致信息终端的复合性,复合型新兴媒体迅速增加和普及既成为媒体融合发展的结果,也成为继续深化媒体融合的手段。传统媒体的单一传播平台显现出单一性和狭隘性,原本处于舆论引领地位的传统媒体在新的信息环境中逐渐式微。本文将在媒体融合发展背景下,以社会发展全局化思维,在以往研究成果的基础上进一步深入,试图在媒体融合趋势下找寻一条更优化路径进行马克思主义大众化传播,保持党的指导思想在社会发展中的引导作用和主导意识形态阵地地位。

媒体融合使大众传播的渠道和空间得到了拓展,使传播者由固定群体转向自由群体,使传播内容由相对简单变为复杂多样,也使传播效果由可控转向相对不可控。这些变化使得马克思主义大众化传播在实效性上受到很大程度的影响,要求马克思主义大众化传播随之做出适当调整,如何化媒体融合对于马克思主义大众化传播的挑战为机遇成为马克思主义大众化传播的重要研究课题。虽然媒体融合使马克思主义大众化传播面临着传播效果在一定程度上被分散、传播者责任被分散等方面的挑战,但同时也获得更广泛覆盖面上的受众、更丰富的传播渠道和更灵活的传播手段。根据媒体融合环境的新特点,马克思主义大众化传播要遵照以马克思主义传播观为指导、以社会发展实际为参照、以传播规律为依据的传播实践原则，分层次设计马克思主义大众化传播的内容、分领域采取灵活的马克思主义大众化传播方式，强化传播主体间的协同配合，构建媒体融合背景下马克思主义大众化传播过程的理想模式。

2018年5月4日，习近平在纪念马克思诞辰200周年大会上的讲话中指出，“马克思主义是不断发展的开放的理论，始终站在时代前沿。马克思一再告诫人们，马克思主义理论不是教条，而是行动指南，必须随着时代的变化而发展。一部马克思主义发展史就是马克思，恩格斯以及他们的后继者们不断根据时代，实践认识发展而发展的历史，是不断吸收人类历史上一切优秀思想文化成果丰富自己的历史。因此，马克思主义能够永葆其美妙之青春，不断探索时代发展提出的新课题、回应人类社会面临的新挑战。”

这就要求我们在马克思主义大众化传播过程中，要发挥传统媒体在媒体融合中的主流舆论引导作用，坚持党管媒体的原则，以主流媒体为主导，净化传媒内容市场，扩大新媒体在媒体融合中潜移默化的渗透作用，以各种丰富的形式和内容为载体，用马克思主义理论解答现实社会发展中产生的问题。要重视大众传播的隐性传播方式和娱乐功能，重视传播效果的反馈，研究受众接受心理，增强媒体、受众互动水平，提高处理应急事件、化解负面舆情的能力和解决实际问题的能力。构建媒体融合环境中马克思主义大众化传播的标准和以效果层次为标准的马克思主义大众化传播评价体系，以实现受众心理上有意后注意层面上的内化转化为外化形成自觉行为为马克思主义大众化传播实现的标准。

本书以媒体融合发展为社会环境依托和时代发展背景，将焦点聚集于新时代马克思主义大众化传播的内容研究、传播理念研究和传播方式研究，以传播学理论为辅，较少涉及传播过程中的具体技术性手段，想要解决的实质问题是媒体融合进程中传播者灌输方式、理念的革新、转型、探索，分析媒体融合背景下马克思主义大众化传播的现实意蕴和旨归。

目　录
CONTENTS

绪　论

一、选题背景及研究目的

（一）选题背景

党的十九大报告指出："当前，国内外形势正在发生深刻复杂变化，我国发展仍处于重要战略机遇期，前景十分光明，挑战也十分严峻。全党同志一定要登高望远、居安思危，勇于变革、勇于创新，永不僵化、永不停滞，团结带领全国各族人民决胜全面建成小康社会，奋力夺取新时代中国特色社会主义伟大胜利。"①这就是说，我国的社会环境随着时代的发展正在经历着不同以往的变化，我国全体人民在党的领导下，奋斗在发展和建设的征途上时，亦有挑战，亦有机遇。这就要求人民群众在行进过程中，既要有开拓事业、投身建设的勇气和激情，又要有承担失利和挫败的耐心和承受力，更要有与党和国家共同拼搏、共同前行、共同发展的坚定向心力，牢牢团结在一起不被外力所干扰的凝聚力。这更需要人民群众有共同的理想、共同的信念，而这个承载着建设和发展中国特色社会主义理想和信念的精神凝聚、思想动员和理论准备，就要求首先要对中国当前所处的社会环境变化以及这些变化给我们带来的发展机遇和风险挑战有

① 习近平.《决胜全面建成小康社会 夺取新时代中国特色社会主义伟大胜利——在中国共产党第十九次全国代表大会上的报告》[M].北京:人民出版社,2017.2.

一个清晰的认识。在这些参照系中理解和认识自身,是党和国家不断界定和探索"中国特色社会主义道路"的重要前提。在当前情况下,最为活跃的影响中国社会环境的因素之一,莫过于以互联网为核心的信息技术。网络及其衍生技术产物正在迅速占领并渗透于社会的各个角落,与社会、经济、文化、政治之间相互作用,使中国社会出现了结构性转化。"媒体融合"是信息传输通道多元化运作下的新模式,是信息时代一种媒介发展理念,信息时代媒体传播的作用和功能很关键。新媒体的时效性和覆盖广度优于传统媒体,同时传统媒体的权威性地位也非新兴媒体所能取代。而对于马克思主义大众化传播来说,既要充分利用新媒体覆盖范围大、传播速度快的优势,更离不开传统媒体的深度解读。一旦实现传统媒体和新媒体之间的优化配置,多角度深层次的整合,就可以形成优势互补,弥补作为单一媒体自身存在的不足,使主流思想战线更加壮大,促进马克思主义大众化传播的进程。①

2014 年 8 月 18 日,《关于推动传统媒体和新兴媒体融合发展的指导意见》经中央全面深化改革领导小组审议通过。《意见》提出,增强媒体资源整合力度,推动传统与新兴媒体融合式发展,是宣传思想领域改革创新的重要任务,是对媒体格局重大变革的回应,是提升主流意识形态辐射力和影响力的重要举措。在融合式发展推动下,主流媒体高效使用先进技术,能够及时、有效地传播党的声音,并积极满足群众的信息需求。

2014 年 8 月 27 日的焦点访谈《媒体融合:走稳,走快,走好》也特别对媒体融合的趋势、前景以及发展规划做了侧重解读,指出推动媒体融合发展是党的十八届三中全会做出的重大战略部署,需要将宣传思想文化领域当作重要的深化改革的任务来予以对待。不仅如此,媒体融合也将是传统媒体顺应媒体格局,适应舆论生态深刻变革的重要举措。

时隔不到两年的 2016 年 2 月 19 日,党的新闻舆论工作座谈会召开,习近平总书记在会上做了重要讲话,并对新闻舆论的责任做出"高举旗

---

① 中央党校教务部编. 党校精品课 2[M]. 北京:中共中央党校出版社,2013. 265.

帜、引领导向,围绕中心、服务大局,团结人民、鼓舞士气,成风化人、凝心聚力,澄清谬误、明辨是非,联接中外、沟通世界"①的要求。这高度概括的四十八个字,凝练出了党的新闻舆论工作在新的时代条件下所需要克忠尽守的无上职责和重要使命,指出和强调了媒体融合环境中坚持正确舆论导向,唱响时代主旋律的重要性,给马克思主义大众化传播提出了进一步的要求。

2017 年 10 月 18 日,习近平总书记在党的十九大报告中指出,要"牢牢掌握意识形态工作领导权。……必须推进马克思主义中国化时代化大众化,建设具有强大凝聚力和引领力的社会主义意识形态,使全体人民在理想信念、价值理念、道德观念上紧紧团结在一起。要加强理论武装,推动新时代中国特色社会主义思想深入人心。"②并指出要"坚持正确舆论导向,高度重视传播手段建设和创新,提高新闻舆论传播力、引导力、影响力、公信力。加强互联网内容建设。"③突出和强调了坚持正确舆论导向、重视传播手段建设的重要性。

2018 年 3 月 5 日,李克强在第十三届全国人民代表大会第一次会议上做了政府工作报告,指出要"加强互联网内容建设","加快构建中国特色哲学社会科学"。④ 2018 年 5 月 4 日,在纪念马克思诞辰 200 周年大会上习近平谈到,"理论的生命力在于不断创新,推动马克思主义不断发展是中国共产党人的神圣职责。我们要坚持用马克思主义观察时代、解读时代、引领时代";用鲜活丰富的当代中国实践来推动马克思主义发

① 坚持正确舆论导向 唱响时代主旋律——习近平总书记在党的新闻舆论工作座谈会上的重要讲话引起强烈反响[OL]. 人民网 . http://politics. people. com. cn/n1/2016/0220/c1001 - 28136846. html,2016 - 02 - 20.

② 习近平 .《决胜全面建成小康社会 夺取新时代中国特色社会主义伟大胜利——在中国共产党第十九次全国代表大会上的报告》[M]. 北京:人民出版社,2017:41.

③ 习近平 .《决胜全面建成小康社会 夺取新时代中国特色社会主义伟大胜利——在中国共产党第十九次全国代表大会上的报告》[M]. 北京:人民出版社,2017:42.

④ 李克思 . 在第十三届全国人民代表大会第一次会议上做的政府工作报告[OL]. 人民网"2017 年全国两会"版块,2018 - 3 - 16.

展。”[①]再次凸显了马克思主义在新时代的发展要进一步强调中国化时代化大众化,以马克思主义为指导和内容的互联网内容建设不可或缺。

（二）研究目的

新兴媒体的发展使得马克思主义大众化传播的实效性受到一定程度的影响,如何化新兴媒体对于马克思主义大众化传播的挑战为机遇成为马克思主义大众化传播的重要研究课题。《关于推动传统媒体和新兴媒体融合发展的指导意见》的提出,为今后媒体融合发展提供了政策支持,也为媒体进行马克思主义大众化传播提供了一条新的可行性非常强的道路。在这种背景下,与媒体融合趋势下的马克思主义大众化传播相关的学术研究成果并不普及,学术领域内,马克思主义大众化传播的关注点多集中于传播方式的研究,而没有系统地对在媒体融合趋势下进行马克思主义大众化传播内容设计和具体路径研究。本文拟在媒体融合发展背景下,以社会发展全局化的思维,在以往研究者成果的基础上进一步深入,试图在媒体融合趋势下找寻一条更优化路径进行马克思主义大众化传播,保持党的指导思想在社会发展中的引导作用和意识形态阵地地位。

二、选题意义

（一）理论意义

新兴媒体具有传播覆盖范围广、受众群体大、传播速度快、参与程度高等特点,但其作为一个自在个体参与程度非常强的传播媒介,在其场域内交流发布的信息庞杂,这在一定程度上会使马克思主义大众化传播受到弱化。传统主流媒体在对于我国社会主义意识形态、立场、方向的把握上,对马克思主义大众化传播的强度、力度上都较大,但更多的是利用传统形式进行传播,在马克思主义大众化传播的各个环节上的传播效果不及新兴媒体。本着与时俱进的原则,国家提出了推进媒体融合发展构想

① 习近平. 在纪念马克思诞辰200周年大会上的讲话[J]. 人民日报,2018-5-5,第2版。

并形成文件作为指导，在推进媒体融合的进程中，使马克思主义大众化传播适应传播发展规律，增强传播力度，主流媒体在马克思主义大众化传播上应该由传统媒体向新兴媒体阵地做适当的调整和转移，以适应媒体融合的趋势，适应国家意识形态领域的宣传传播。媒体融合是时代发展和社会前进的必经之路，在马克思主义大众化传播中的地位和作用十分关键。研究媒体融合进程中的马克思主义大众化传播，是理论与实践结合的必要，以传播规律的理论，完善马克思主义大众化传播的实践，弥不足，补欠缺，从而提出完善马克思主义大众化传播的构想和建议，以求更进一步充分地使马克思主义大众化传播趋于完善，使马克思主义大众化传播更有效、更游刃有余地进行，减少传播实践中绕弯路。这对媒体融合趋势下马克思主义大众化传播的研究，在新时期信息泛滥的今天有很深刻的理论意义。

（二）现实意义

媒体融合社会背景下，对于马克思主义大众化传播的研究具有广泛意义上的必要性，现实意义上的重要价值，能够开辟马克思主义大众化传播更通畅的过程渠道，提升传播者的工作能力和受众素质。与马克思主义在中国的扩散和传播不同，本文从传播学视角在媒体融合新背景下，对马克思主义大众化的传播展开探讨，并关注以及体现其整体性。现代社会的信息化广度、高度和深度都在以飞快的速度拓展，各种传播技术、传播手段的现代化水平日益提升，传播学与其他学科的联系日益密切。媒体在融合进程中对于马克思主义大众化的传播也更凸显了其作用的关键地位。党的十九大报告中提到，要“加强互联网内容建设，建立网络综合治理体系，营造清朗的网络空间”。[①] 我们要坚守住社会主义意识形态阵地，发展和推进中国特色社会主义建设实践，巩固中国特色社会主义建设成果，夺取新时代中国特色社会主义伟大胜利，离不开围绕“马克思主

① 习近平.《决胜全面建成小康社会 夺取新时代中国特色社会主义伟大胜利——在中国共产党第十九次全国代表大会上的报告》[M]. 北京：人民出版社，2017：42.

义”的传播主题。让马克思主义思想深入群众、深入人心、指导人民群众的实践，就离不开马克思主义大众化传播。而增强传播者对信息的处理能力、敏感性，控制垃圾信息传播，净化传播环境，提高信息质量，适当的、优秀的、高品质的马克思主义大众化传播内容就是传播环节中的关键。因此，在媒体融合趋势下，要想坚守住意识形态阵地，巩固中国特色社会主义地位，加强马克思主义大众化传播的成果，保持主流舆论的引导地位，占领社会主义主流舆论的高地，就必须以马克思主义为指导，坚持恪守传播的规律和原则，结合中国的现实科学对待马克思主义大众化的传播工作，以传播学的理论及其方法为马克思主义大众化传播的工具和手段，站在更加高远的地方，以更加开阔的视角准确而清晰地对待当今社会“苟日新、日日新”的变化发展，并从中提炼理解传播者应当遵循的规律，以积极乐观的心态去主动适应我国社会的改革、科学技术的发展以及媒体融合带来的新的机遇和挑战，把握时代发展方向和媒体融合机遇，重视并进一步加强马克思主义大众化传播的内容建设和渠道载体建设，巩固主流媒体传播的主导地位。这对于在马列主义、毛泽东思想和中国特色社会主义理论体系的指导下，到 2020 年全面建成小康社会，2035 年基本实现社会主义现代化，2050 年把我国建成富强民主文明和谐美丽的社会主义现代化强国，推进和实现中华民族伟大复兴的中国梦都有着不可忽视的现实意义。

（三）选题创新点

本书以新时代媒体融合发展为社会环境依托和时代发展背景，将焦点聚集于马克思主义大众化传播内容研究、传播理念研究和传播方式研究，想要解决的实质问题是媒体融合进程中传播者的灌输方式、理念的革新、转型、探索，除涉及传播学相关理论外，也涉及心理学、社会学等相关学科的内容，从大众传播、媒介载体角度考虑马克思主义大众化传播问题，提出以效果层面为标准的马克思主义大众化传播标准，丰富了该方向上的研究。由于现有文献成果对于媒体融合的研究，多集中于对新兴媒体或媒体融合渠道建设的研究，而对于在马克思主义大众化传播领域媒体融合对社会传播环境的改变、传播主体、受众变化的研究相关文献资料和研究成果比较少，这会在一定程度上导致本文部分观点不够成熟。且媒体融合在我国现阶段是一个较新的概念，有自身新的解读，并不同于传统传播学意义上的媒体融合，也是本文写作中的难点之一。本文在现有研究的基础上，以资料收集法、文献分析法和调研访谈法为主，有规律、有步骤地通过对马克思主义大众化传播的进一步探索研究，分析媒体融合背景下马克思主义大众化传播的现实意蕴和旨归，有助于使媒体融合进程中马克思主义大众化传播的建构更趋完善和合理化，突出马克思主义大众化传播的效果，尽可能提出适用和有效的依据。

三、国内外研究综述

（一）国内研究现状及发展动态

近十余年来网络技术蓬勃兴起，科学技术飞速发展，使得社会传播环境中流通的信息几乎可以在世界范围内任意穿梭而不受阻碍和干扰。鱼龙混杂、良莠不齐的人生观、世界观、价值观潜伏在庞杂的信息中悄然进入人们的观念，这种思想上潜移默化的侵蚀破坏力巨大，并在不知不觉中影响着人们思维模式的形成。现在我国正处于改革深水区的社会转型期，也是抓住机遇大力发展的黄金期，思想上的任何失误对社会造成的影响都不容小觑。十八大以来，世界经济复苏乏力、局部冲突和动荡频发、全球性问题加剧，我国经济发展进入新常态。马克思主义大众化传播的功效和重要性在这种情势下显得尤为关键和突出，马克思主义传播者的角色所肩负的责任也更加重大。

党的十七大提出“推动当代中国马克思主义大众化”这个战略任务，2014 年 8 月 18 日中央全面深化改革领导小组第四次会议审议通过《关于推动传统媒体和新兴媒体融合发展的指导意见》，这为推进马克思主义大众化的传播事业提供了充分且必要的政策支持和理论支撑。我国当代马克思主义大众化研究目前看来主要集中于国内学者的研究成果，多为学术论文、文章及硕博论文。2011 年以后，马克思主义大众化方面的著作开始陆续出现。而中国的"马克思主义大众化"概念是由中国共产党最先提出的,国外研究成果暂时较少。在马克思主义理论与媒体传播这个交叉研究领域的文献中,主要涉及的研究内容多为对马克思主义大众化传播的整体宏观研究,重复研究较多,而涉及媒体对于马克思主义大众化传播的研究成果和观点多以对新兴媒体的载体形式研究为主,更多的是以新兴媒体为背景利用新媒体进行马克思主义大众化传播的研究,对于传统媒体在新兴媒体兴起背景下的转型、以媒体融合为背景的马克思主义大众化传播的学术研究和成果则更寥寥无几。本文所触及的对于马克思主义大众化传播的问题是中国特色社会主义社会的现象,且新兴媒体渐趋发展成熟、媒体融合问题出现集中于2000年之后,涉及媒体对马克思主义大众化传播的研究成果有限,因此本文的研究综述集中于国内2000年以来对于马克思主义大众化传播的整体研究情况,国外论述主要以传播学的发展为主。

国内研究成果主要集中在以下几大方面:

1. 以媒体为研究对象的及以新兴媒体为背景的马克思主义传播研究

虽然以媒体为研究对象的及以新兴媒体为背景的马克思主义传播研究可以分散到下面各个主体的分类中去,但之所以未分散且将该领域的研究放在第一位,是因为该研究范围与本文的写作关系最为密切。以媒体为研究对象的成果与本文写作契合度最大,但可搜索范围以及研究成果较少。如哈尔滨理工大学王苏2014年的硕士论文《新闻传播推进马克思主义大众化问题研究》中,以五四运动至今新闻传播对推动马克思主义在中国实现大众化的实践历程为背景,以新闻传播学以及马克思主义大众化为相关理论依据,分析阐述了当今新媒体环境中通过新闻传播助推马克思主义大众化的路径、渠道和方法。再如李慕原发表于《学习与实践》2014年第五期的文章《互联网时代主流媒体传播模式的创新与发展》,分析了传统主流媒体在互联网崛起、新媒体发展的形势下面临的挑战,以及传统媒体如何与新媒体融合发展,如何充分运用科技手段提高传播速度和增加互动性。

而以新兴媒体为背景的马克思主义传播研究多以新媒体带来的技术、手段、传播方式、传播载体改变为背景,研究马克思主义大众化传播方式的改变。这不是纯粹的媒体如何进行马克思主义大众化传播的研究,而是如何利用新媒体这种方式和手段进行马克思主义传播的研究。如昆明理工大学杨洋 2012 年的硕士论文《新媒体推进马克思主义大众化研究》,指出马克思主义传播方式必须适应时代发展的要求,论证了大众传媒与马克思主义大众化的辩证关系,将新媒体纳入到马克思主义的传播手段和方式中来,并在一定程度上提出了运用新媒体推进马克思主义大众化的有效途径。类似的相关研究成果还有宁夏大学的王宏涛、王宏武发表于《广西社会科学》2013 年第 2 期的《社交媒体:马克思主义大众化传播新途径》等,这类研究成果占据较大部分的是在以媒体为研究对象的及以新兴媒体为背景的马克思主义传播研究,虽然提及的是对"媒体"传播的研究,却更倾向于"利用媒体"的研究。

2. 马克思主义大众化传播的宏观研究

以宏观为视角的研究中,多以硕士、博士论文以及学术著作为主,因为涉及马克思主义大众化传播的方方面面,范围比较宽泛,小论文不足以论述透彻、探讨清楚。一般的模式是以马克思主义大众化传播的历史发展沿革总结为始,从传播的主体、受众、内容、载体、过程等方面各自做较为具体的分析,之后从马克思主义大众化传播的社会主体层面提出改进的对策建议等。比较典型的如东北师范大学 2011 年李春会的博士论文《马克思主义大众化传播研究》,就是以马克思主义理论为框架,借鉴多种学科的研究方法,首先考察马克思主义在中国的传播历史,之后分析马克思主义在中国传播遇到的问题,深入研究受众的思想心理、接受习惯和媒介偏好等,研究马克思主义大众化传播在日新月异的时代背景下话语机制的转换问题,并在此基础上提出可操作的传播原则和方法,对于如何提高马克思主义大众化传播者素质,如何更有力地促进马克思主义大众化的整体进程做了深入思考,为传播实践的推进提供了理论对策和行为指导。相似的还有2015年湘潭大学谭可可的博士论文《马克思主义大众化网络传播研究》及2017年西安理工大学樊弘的硕士论文《互联网视阈下马克思主义大众化传播问题研究》。

3. 马克思主义大众化传播的局部因素研究

在现有的资料中,关注马克思主义大众化传播各个影响因素的研究非常多,但研究者所选择的角度相对来说比较集中,大多集中于以下六个要素的研究:

(1)对于传播主体的研究。以传播主体为对象,如传播者、党组织、高校等,更多的是以"传播媒介"为整体的传播主体研究。如河南大学2011年鲁婉莹的硕士毕业论文《传播媒介在马克思主义大众化中的作用》,就是以整个大众传播媒介为研究对象,在分析当前马克思主义大众化的运行机制、论述时下理论传播所要应对众多问题中,重笔落在阐述传播的种种媒介与马克思主义大众化联系上。李静静、汤子琼发表于《经济师》2009年第1期的论文《高校推动马克思主义大众化的现状分析及对策思考》,是以高校这一传播主体为研究对象,站在高校传播者的立场上,论述和阐发了目前高校关于马克思主义大众化传播效率不高的原因,并提出提高大学生的马克思主义理论水平的措施。另外,葛学彬、范征、李松林发表于《理论导刊》2018年第1期的《网络传播学视角下马克思主义大众化传播主体系统研究》,则是从加强马克思主义大众化传播主体队伍建设、主体软实力建设等方面强调了推动传播主体系统建设的重要意义。

(2)对于传播载体的研究。传播载体的研究,类似于传播过程的研究、传播平台的研究,换种表述方式就是通过何种渠道来深推更为有成效的马克思主义大众化传播。如广西大学谢梅帆2013年的硕士论文《以高校思想政治理论课为载体推进马克思主义大众化的研究》,首先从历史经验中深入探索高校思想政治理论课作为载体推进马克思主义大众化的功能,之后分别从凝聚功能、导向功能、调节功能和发展提升功能具体分析高校思想政治理论课对马克思主义大众化的传播者、对象、内容、环境、途径等方面的推动作用,最后在此基础上对高校思想政治理论课作为载体推动马克思主义大众化的功能做了具体分析。再如中国传媒大学思想政治理论课教研部的张欣然于2013年2月发表于科技传播的《手机新媒体与马克思主义大众化传播策略研究》一文,其主要方向为马克思主义传播者如何适应新媒体的环境发展趋势,怎样有效借助手机这个新的信息终端系统传播载体在更深层面上改进、增强和完善马克思主义大众化的传播用语。文章认为手机丰富了马克思主义大众化传播形式,能够起到培养适合马克思主义传播的新媒体"拟态环境"的作用,可以在受众群体中间更为深入地唤醒马克思主义理论的影响效用,将马克思主义理论更有成效地内化和转换为受众日常生活、工作和社会实践的价值标准和指导思想,从而促成马克思主义大众化最终目的的实现。

(3)对于受传者的研究。对于受传者的研究多集中于青年学生,也有对于社会全体受众的研究。如2011年发表于《马克思主义大众化传播研究》第2期的一篇论文,东北师范大学李春会的《受众接受马克思主义大众化传播的策略》,以传播受众为研究对象,认为马克思主义大众化传播要以当代中国大众为传播本位,切实重视受众的心理诉求、接受方式以及接受指向,指出受众的生活环境及其接受能力、认知情感应该被更多地考虑进入马克思主义大众化传播话语体系,这样有利于更好地建构新的马克思主义大众化传播模式。齐鲁工业大学蔡丹丹2014年硕士论文《新时期在青年学生中推进马克思主义大众化研究》则主要针对青年学生这一受众群体,分析了新时期马克思主义大众化的现实状况和青年学生掌握马克思主义理论的现实状况,并针对目前存在的问题和难题提出推进在青年学生中普及马克思主义理论的思路和对策。

(4)对于传播效果的研究。传播效果研究主要针对的是后期效用,体现的是对马克思主义大众化信息接收者的认知、行为等方面发生的变化及有效性方面的研究,也就是马克思主义大众化传播在多大程度上实现了传播者的意图或目的。如安徽大学的李灵玲、孙圣斌发表于宜宾学院学报2010年第4期的文章《当代马克思主义大众化传播效果机制研究》,从传播内与传播外两个方面,指出研究传媒视角下马克思主义大众化的必要性,并提出利用包括传播信息来源、传播媒介、传播内容以及传播受众等因素对实现马克思主义有效传播具有的重要意义。还有的研究者选取某个个体进行传播效果的分析,如王璜、王莉蕾发表于2012年第4期《学术园地》上的文章《优秀主旋律影片对马克思主义大众化传播的启示——以〈建国大业〉〈建党伟业〉为例》,以爱国主义电影在中国的成功运作模式为研究对象,认为种类丰富多样的文化娱乐是传播主流意识形态适合的载体,使得马克思主义大众化传播达到了比硬性宣传更好的效果,能够更加有效地弥补集中传播的不足,增强马克思主义大众化传播效果。

(5)对于传播理论的应用研究。该研究方向主要侧重于对传播学理论在马克思主义大众化传播中的应用和解读,研究成果相对于其他几个方面的成果少一些。如郑州轻工业学院的张福平、杨骅骁发表于2009年第10期《社会科学战线》的文章《新时期马克思主义大众化传播中的议程设置》,针对新的社会环境中马克思主义大众化传播面临的诸多新的挑战,如网络舆论环境的复杂化、大众文化的兴起等基于公共空间理论进行探讨,认为议程设置是马克思主义大众化传播的重要手段,并提出媒体在进行马克思主义大众化传播时在议程设置中应自觉将宣传重心下移,将会更有利于有效实现马克思主义大众化传播。

(6)对于地域性传播的研究。该类型研究成果较为集中地体现了如何在不同地域、不同空间范围有针对性地进行马克思主义大众化传播。如新疆财经大学的张春霞发表于2013年《内蒙古社会科学(汉文版)》第3期的文章《少数民族地区马克思主义大众化传播的跨文化视角》,在调查走访少数民族地区的前提下,提出马克思主义大众化问题在少数民族地区表现为跨文化传播问题,并就此提出培养大量少数民族的马克思主义理论与实践工作者、对少数民族文化特质及深层文化心理进行研究的必要性。海河大学的沈蓓绯、赵蓉发表于2012年12期《重庆社会科学》的文章《马克思主义在城市社区的大众化传播》,以城市社区为研究对象，提出在城市社区健全马克思主义大众化的实践，应建立一支有专业基础的深入群众的传播队伍，实践建立长效机制推进马克思主义大众化的社区传播，构建社区实践基地促进马克思主义大众化话语体系的生成，创新大众化的载体建设。

4. **马克思主义大众化传播与外部因素结合研究**

外部因素，可以理解为马克思主义大众化传播的社会环境、其他学科视角的借鉴、各种政策的影响等。如吉林农业大学周晶 2011 年的硕士论文《儒家思想与马克思主义大众化传播研究》，论述了儒家思想长期作为中国社会的政治统治思想并且至今仍然对中国社会有深远影响的原因，并提出借鉴儒家思想的成功传播方式，以符合中国受众思维方式的文化样式，服务于符合中国国情的马克思主义大众化传播方式，使马克思主义大众化过程存在的问题融入中国文化，更适合中国群众的接收信息习惯。再如山西大学郝晓丽 2013 年的《新中国文艺政策对马克思主义大众化影响研究》，以分析新中国文艺政策为起始，从界定马克思主义大众化内涵入手，对新时期中国不同阶段文艺政策的发展及演变历程规律以及对马克思主义大众化的影响和作用进行了论述，并针对文艺政策推动马克思主义大众化存在的问题，总结经验教训，科学梳理出同我国现阶段社会各个层面上的发展更契合的文艺理念，提供合理性科学性的建议，以助于我党制订、实行和落实有效的文艺政策。

5. **马克思主义大众化传播的历史研究**

该领域的研究也相对较多，分别体现在以下三个方面：

(1)传播的阶段性历史研究。这是以时间为限定范围依据的研究，主要是在某个特定的历史阶段、时间或时代背景下，研究该限定阶段马克思主义大众化具体背景下的传播经验、教训、特点等。如长安大学李莹 2010 年的硕士论文《五四运动时期马克思主义大众化传播问题研究》，以五四运动为时代背景，突出马克思主义大众化传播条件、途径、价值等方面研究，挖掘当时马克思主义大众化传播的规律和路径，为现阶段我国马克思主义大众化传播提供一些可供遵循和参考的社会经验和历史借鉴。

再如东北林业大学的王白璐、王越芬、刘硕发表于2011年第5期《东北农业大学学报(社会科学版)》的文章《新民主主义革命时期毛泽东对马克思主义大众化的探索及启示》,通过分析毛泽东在新民主主义革命时期对马克思主义大众化的原因、对象、实现等方面的探索,得出了马克思主义大众化的教育对象应具有针对性、内容应具有时代性、传播方式应具有多样性的结论。

(2)传播的文本研究。以历史上的马克思主义作家著作以及相关马克思主义大众化文本为对象,从中分析考证马克思主义大众化传播具体而有效的方法、手段、方式等。如江西财经大学的张品良于2010年发表于《东南传播》第9期的《苏区马克思主义大众化传播的标语文本解读》一文,认为中央苏区时期最为普遍运用的媒介——标语,将马克思主义抽象的理论化为通俗的言语进行传播,实证证明能够产生良好的宣传效应,这在当代中国马克思主义大众化传播实践中值得学习与借鉴。

(3)传播经验的总结。对社会发展中马克思主义大众化传播成功或失败经验教训的总结,作为现阶段和今后马克思主义大众化传播的依据。如南开大学2012年邵新顺的博士论文《马克思主义大众化的历史经验研究(1919—1949)——基于马克思主义发展史的视角》,通过分析1919—1949年间的马克思主义大众化的历史经验,提出马克思主义、中国共产党、社会主义必须保持和保证三位一体,不断增强在马克思主义大众化传播的实践中党执政地位的合法性,保持党的先进性,加强党的政治建设、思想建设和作风建设。

另外,马克思恩格斯等相关经典作家的著作中体现出许多关于传播的论述和对传播的看法,这些观点和看法对于我国马克思主义大众化传播实践的指导性作用不可低估,中国传媒大学陈力丹教授的《精神交往论——马克思恩格斯的传播观》《马克思主义新闻观思想体系》两本著作集中对马克思恩格斯的传播交往理论、新闻传播理论进行了总结和梳理。《精神交往论——马克思恩格斯的传播观》从信息传播的角度,将马克思和恩格斯开放的传播思想体系系统地展现了出来,详尽地总结和描述了诸如人类的语言文字、思想思维、宗教信仰、文艺宣传、报刊新闻……几乎所有马克思和恩格斯所谈到的与人类传播相关联的各种现象和形态，整理挖掘了马克思恩格斯关于传播的思想和方法，并阐述了他们有关传播与法学、传播心态、无产阶级政党内部的精神交往、人类传播历史中的三个发展形态等内容。而《马克思主义新闻观思想体系》一书则是响应2003年我国宣传领域几个部门提出来的“马克思主义新闻观”这样一个新概念，是包括新闻传播业在内的所有文化产业在党的领导下需要遵循的一些政治上的指导思想、原则和行动指南。陈力丹教授在著作中不仅仅局限于对马克思、恩格斯、列宁、斯大林、毛泽东思想的研究，更是将研究范围拓宽为对他们整个领导集体——创建革命政党和从事革命活动的——思想的研究，领导人的思想研究只是其中的一个部分、一个方面，还包括争论的话题，同时也关注党的各种会议，以及研究党的文件中出现的新闻、传播等角度的观点。马克思恩格斯等经典作家关于传播、新闻的理论，将成为本文写作的指导思想。

（二）国外研究情况

国外关于融合背景下媒体的马克思主义大众化传播研究很少，但是国外对于传播理论的研究非常丰富，有较多可供参考传播学研究著作。如施拉姆在《报刊的四种理论》中提出，不同国家和地区的新闻管理与传播制度可分为四种：集权主义制度、自由主义制度、社会责任制度、苏联的共产主义制度等，其他社会政治制度和它们之间是一脉相承的关系。沃尔特·李普曼在《公众舆论》中指出电子信息时代的到来改变了社会的传播环境，舆论的公众化可实现性日益明显，这会对社会公众生活产生很大程度的影响。英国的传播学者麦奎尔的《大众传播理论》一书，讨论了关于媒介权力的问题。他认为主导媒介模式和多元媒介模式是两种相互对立的模式，由统治集团决定主导媒介模式的传播。作为受众，只能不得不接受由主导媒介所提供的对世界的看法。弥尔顿的《论出版自由》认为如果去限制大众的言论自由，就相当于妨碍了真理的本身。言论自由是真理战胜谬误的保障。

四、研究的理论基础

媒体融合趋势下的马克思主义大众化传播，涉及的领域和范围较广，属于跨学科的研究，包括马克思主义、政治学、社会学、新闻学、心理学等学科，其中最主要的学科支撑是马克思主义社会交往相关理论和传播学相关理论。

（一）马克思主义理论

1. 历史唯物主义

马克思认为，精神交往的形式和内容是具有历史性的，它们在不同的历史时期所表现出来的特征不同。“要研究精神生产和物质生产之间的联系，首先必须把这种物质生产本身不是当作一般范畴来考察，而是从一定的历史的形式来考察。如果物质生产本身不从它特殊的历史的形式来看，那就不可能理解与它相适应的精神生产的特征以及这两种生产的相互作用。”[①]精神生产是历史的产物，处于不断变动中，它以物质生产为基础，并与之相互依存，辩证共生。恩格斯说：“当我们深思熟虑地考察……我们自己的精神活动的时候，首先呈现在我们眼前的，是一幅由种种联系和相互作用无穷无尽地交织起来的画面。”[②]他认为以生产力为基础，生产力、社会状况、意识三者相互作用、相互促进和相互制约，形成一种交往的合力。

马克思和恩格斯指出：“一个阶级是社会上占统治地位的物质力量，同时也是社会上占统治地位的精神力量。支配着物质生产资料的阶级，同时也支配着精神生产的资料。因此，那些没有精神生产资料的人的思想，一般是受统治阶级支配的。”[③]即是说各个社会发展阶段都有各自的物质生产状况，这个状况是该社会发展阶段的需要基础，交往进行要在这个基础上才能进行。

---

① 马克思恩格斯全集 26 卷 1 册［M］. 北京：人民出版社，1972：296.

② 马克思恩格斯全集 20 卷［M］. 北京：人民出版社，1971：23.

③ 马克思恩格斯全集 3 卷［M］. 北京：人民出版社，1960：52.

2. 关于交往媒介

(1)语言

语言是人类交往的需要,是重要的交流媒介,具有社会性。"语言本身,都是作为社会的产品给予我的。"[①]语言不是天然产生,而是基于人与人之间必须沟通的社会需要应势而生的。"语言……只是由于需要,由于和他人交往的迫切需要才产生的。"[②]语言可以形成社会规范,共同生活的人们只有讲大家都能懂得的语言,才能在群体中没有障碍地生存生活。它是一种被群体默认一致同意的社会规范体系,在共同持续积累的交流中,语言的语法、词汇等不断得到稳固和增加,形成固定的表达形式,也就形成了语言文化,丰富了人类传播和交往的形式。

(2)文字和印刷术

语言形成后,人类精神交往的媒介又随着需要的发展衍生出文字。文字的出现使得人类文明升到了一个新的高度,既打破了面对面交流的局限,也使文化得到了更广泛和深入的传播机会。恩格斯说,人类"由于文字的发明及其应用于文献记录而过渡到文明时代"。[③] 文字对于人类交往和文明的进步具有极大的推动作用,它在很大程度上有效消除了语言由于地方性差异造成的交往不通畅甚至隔绝的状况,拓展了人类文明交流的深度和广度。之后印刷术的发明使世界信息交换量与过去相比以几何级数递增,为精神传播插上了翅膀。马克思将印刷术看作"最伟大的发明",恩格斯则更直接地赞美印刷术:"你不也是神吗? ……禁锢在独卷手抄书内的思想,无法传扬到四面八方! 还缺少什么? 飞翔的本事? 大自然按照一个模型,创造出无数不朽的生命,跟它学吧! 我的发明!"[④]

---

① 马克思恩格斯全集 42 卷[M]. 北京:人民出版社,1979:122.

② 马克思恩格斯全集 3 卷[M]. 北京:人民出版社,1960:34.

③ 陈力丹. 精神交往论:马克思恩格斯的传播观[M]. 北京:中国人民大学出版社,2008:80.

④ 马克思恩格斯全集 41 卷[M]. 北京:人民出版社,1982:42-43.

(3)报刊

在马克思和恩格斯的年代,报刊已经成为社会精神交往最广泛的媒介,“它可以推销到每一间茅屋,比物质的煤气还便宜。它无所不及,无处不在,无所不知。”[①]因此较其他精神交往的媒介或形式,马克思和恩格斯对报刊的考察更为细致。每种报刊都有各自不同的立场和观点,公开发表的报刊都具有社会性,在社会精神交往中它们都扮演着特定的角色,承担着特定的社会责任。在世界交往不断扩大和深化中,报刊能够通过直接传播和间接传播实现社会沟通,所承载的社会交往能力也日益增强。虽然报刊所传播的事实或观点不同,代表的阶级立场不同,但从交往的角度来看,都能实现社会沟通。马克思和恩格斯 1850 年在谈到法国时指出:“当报刊出版物匿名发表文章的时候,它是不可数的无名的舆论机关;它是国家中的第三种力量。报纸是作为舆论纸币流通的。”[②]马克思认为报刊工作应当共同遵守“一般的公正”的原则,即对事物的不同方面、不同意见都提供同等的待遇,这就是说报刊在进行传播时,应该尽可能了解最实际的情况,以期实现“公正”。

3. 交往形态

马克思的交往理论将交往形态分为一般形态和社会形态两大类。

(1)一般的交往形态

①宗教。宗教虽然是一种独立的社会精神交往形态,但却经常需要借助宣传、舆论、文学、新闻等交往形态开展自己的活动。宗教交往往往借助虚幻的中介物在想象、超验中进行情感化的交往,具有一定程度上的排他性。恩格斯把宗教分为自发宗教和人为宗教两大类,论证了世界性宗教得以广泛传播的条件:第一,一神教的确立促进了宗教的广泛传播。第二,宗教的内容越易于理解、形式越易于接受,传播范围越广。第三,宗教对外的开放程度越大,传播越广。第四,越在下层社会寻求信徒,宗教

① 马克思恩格斯全集 1 卷[M]. 第 2 版. 北京:人民出版社,1995:179.

② 马克思恩格斯全集 7 卷[M]. 北京:人民出版社,1959:523.

传播得越迅速、广泛。第五,宗教的创立者和布道者的传播素质,亦影响宗教传播的广度。①

②文艺。能够将主观想象和客观环境结合认识和创造美是人区别于动物的重要标志之一,文艺便是人类精神交往中的一种以审美为基本内容的形态。文艺是一种人类对抽象美感的具象表达,让感受在其中的人体会到听觉、视觉和触觉上的舒适和美感。恩格斯指出:"我们的不同感官可以给我们提供在质上绝对不同的印象。……视觉和听觉二者所感知的都是波动。触觉和视觉是如此互相补充,以致我们往往可以根据某物的外形来预言它在触觉上的性质。"②但文艺形态的精神交往并不是能够被所有的受众共感,它对于审美和情感具有一定程度上的要求,文艺传播只有在相应水平的接收者那里才能够体现出自身的价值。马克思说:"如果你想得到艺术的享受,那你就必须是一个有艺术修养的人。"③同时,马克思和恩格斯还指出物质生产的发展同文艺生产之间的关系是不平衡的。

③舆论。舆论是自然的、普遍存在的一种交往形态。中文"舆"即公众。马克思和恩格斯谈到的公众意见,不等同于在上层看来的下层的"民意",包括一般下层人民的意见,也包括统治阶级中不参与决策的人的意见。从马克思和恩格斯的表述中可以看出,现代舆论具有较大范围内的共同利益、为先进的阶层和发达地区掌控、越来越容易为外部因素影响、政治自由的必要性日益增强、舆论的逆向反应越来越强烈以及具有自发性等的特点,具有对全力组织和政治活动家的制约力量,对立法特别是经济立法的推动力量以及对普遍社会监督的践行力量。④ 马克思和恩格斯抓住报刊和舆论关系得出"报纸是作为社会舆论的纸币流通的"的论

① 陈力丹. 精神交往论:马克思恩格斯的传播观[M]. 北京:中国人民大学出版社,2008:110-114.

② 马克思恩格斯全集20卷[M]. 北京:人民出版社,1971:576.

③ 马克思恩格斯全集42卷[M]. 北京:人民出版社,1979:126.

④ 陈力丹. 精神交往论:马克思恩格斯的传播观[M]. 北京:中国人民大学出版社,2008:163-165.

断，认为舆论的需求产生了报纸，报纸必须且只有通过表达舆论才能达到其对舆论的影响。同时舆论又反作用于报刊，报刊虽然不能强迫人们接受某种观念，但它却能让人们注意到某种观点，在对自身利益的调整中报刊根据舆论的导向决定自身是否反映正确的舆论导向。报刊与舆论间的相互作用也表现出了报刊的生命力所在。

④宣传。宣传的本质是劝服。在马克思和恩格斯的著作里，"宣传"一词是在较为广泛的意义上使用的，讨论、交谈、通信等，总体上都被理解为宣传。某些造成影响的行动，马克思和恩格斯也视为是一种宣传。只要发生的事实起到了动员群众的实际作用，即使与当事者的意愿相反，马克思也把它看作是一种宣传。可以看出，所谓宣传就是通过观念的传播或实际行动的影响来作用于人们思想和行为的一种精神交往形态，这种精神交往形态的目的是造成实际影响或产生一定的效益。① 由于在马克思和恩格斯所处的时代中狂热、简单的鼓动性宣传多于理智而冷静的理论传播，他们尤为注重科学宣传的重要性。恩格斯说："当你想从事这种宣传时，当你想为自己招募志同道合的人时，仅仅发表宣言是不够的：必须加以论证，因而，必须从理论上来考虑问题，也就是说归根结底必须科学地来对待问题。"②也即是说宣传一定要注重其内在的科学逻辑性，针对宣传对象的具体情况，否则宣传就不会取得期望的成效。马克思和恩格斯本身就是根据实际进行宣传的倡导者，他们不喜刻板说教的宣传方式，提倡要对不同的宣传对象使用各异的宣传方式。基于对宣传物质基础的认识，"利用雄辩的事实来宣传彻底改造的必要性"也是马克思和恩格斯十分重视的手段。③

⑤新闻。新闻存在的意义在于大多数人的不知。新闻的出现并没有规律性，是偶然性因素和必然性因素互相作用而发生的事实变化，重大新

---

① 陈力丹．精神交往论：马克思恩格斯的传播观［M］．北京：中国人民大学出版社，2008：183

② 马克思恩格斯全集 18 卷［M］．北京：人民出版社，1964：605.

③ 马克思恩格斯全集 2 卷［M］．北京：人民出版社，1957：594.

闻不规律、不均衡地出现是新闻与其他交往形态的不同之处。马克思对新闻的认识并不单单局限于新近发生的事件,他不提倡狭隘地追求耸人听闻的"当日惊人消息",认为那只是新闻最原始的意义。马克思提倡从宏观历史角度站在事实变动的角度上看待新闻。从历史的高度上来看,新近发生以至于将来会发生的某些事情,往往体现为过去发生的事情的同类反复。在这个意义上,新闻体现出"常闻"的特点。

(2)交往的社会形态

①交往的人的依赖形态。这个形态被描述为人们的交往始终局限在狭窄的范围内,个人在交往中始终没有独立的个性,人依赖于人们结成的共同体,仅仅以共同体的一分子的身份和心态参与精神交往。这是人类精神交往必经的较低级的层次。

②交往的物的依赖形态。物的依赖形态指资本主义的商品社会。马克思说:"他们只是作为具有某种"社会"规定性的个人而互相交往,如封建主和臣仆、地主和农奴等,或作为种姓成员等,或属于某个等级等。"① 在物的依赖形态中,人们不再为各种人为的依附关系所束缚,第一次形成了普遍和全面的交往关系,体现出了人们在经济领域内的物的平等和自由,但同时在这个过程中为该种交往进步付出的代价就是马克思讲的"交往异化"。

③交往的人的全面发展的形态。这是一种建立在交往的物的依赖形态发展的基础上摆脱了人的依赖关系和物的依赖关系对交往的限制,以个人的全面发展为特征的更高级的社会形态。"共产主义所建立的制度,正是这样的一种现实基础,它排除一切不依赖于个人而存在的东西,……把过去的生产和交往所产生的条件看作无机的条件。"② 马克思和恩格斯认为,物的依赖状态的交往必将让位于人的自我实现和全面发展的更高形式的交往。

---

① 马克思恩格斯全集46卷(下册)[M]. 北京:人民出版社,1979:34.

② 马克思恩格斯全集3卷[M]. 北京:人民出版社,1960:79.

4. 交往政策

交往政策是指一定区域内的当权者为了维护自己的利益,对人们精神交往的内容和形式制定的法规和行政条款等的总称。由于这类政策与一定的权力联系在一起,它们往往影响这个区域几代人甚至更长时间精神交往的规模和形态,推动或阻碍精神交往的发展。最古老的交往政策的典型形式是书报检查。现代的交往政策一般是以法的形式表现的,体现交往的基本政策的是宪法或宪法性质的文件。①

5. 交往心理

马克思在他的第一篇政论中就指出,任何人的精神交往活动都不可能"超乎心理学规律之上"。马克思和恩格斯把交往心理看作是人脑在社会联系中不断完善的产物,看作一种社会实践,特别是现代工业革命中人的本质力量的表现。② 人类的交往一直在互动和制约中发展。影响交往的最大心理障碍,是个人、阶级、党派、社会、民族的各种偏见。偏见是一种对外部事物所持的缺乏充分事实根据的态度。当交往各方都存有偏见时,交往或难于进行,或处于信息失真的状态中。③ 交往需要首先引起交往对象的注意之后再进一步深化为认同、联系和发展。马克思和恩格斯认为形成注意的首要因素体现为事实的变动,事实变动的强烈程度与引起注意的程度呈正相关。他们认为想引起相关人的注意,就要在交往传播中尽量有新鲜的内容和形式,表达出独特的风格,即使特色不鲜明也要尽量使人感受到传播者的诚意。另外,在具体的传播实践中,集中传播吸引注意力的效果会优于分散传播。

(二)传播学相关理论

媒体融合趋势下马克思主义大众化传播研究的立论基础主要借鉴的

---

① 陈力丹.精神交往论:马克思恩格斯的传播观[M].北京:中国人民大学出版社,2008:366.

② 陈力丹.精神交往论:马克思恩格斯的传播观[M].北京:中国人民大学出版社,2008:388-389.

③ 陈力丹.精神交往论:马克思恩格斯的传播观[M].北京:中国人民大学出版社,2008:405.

是传播学中关于大众传播的理论。大众传播（mass communication）可以用三项特征来确定：第一，它针对较大数量的、异质的和匿名的受众。第二，消息是公开传播的，在时间安排上通常可以同时到达大多数受众，在特征上是稍纵即逝的。第三，传播者一般是某个复合组织，或者在某个复杂的组织之下运作，这通常需要庞大的开支。大众传播理论较为具体的目标包括以下几个方面：第一，解释大众传播的效果；第二，解释人们用大众传播来做什么；第三，解释用大众媒介学习的机制；第四，解释大众媒介在形成人们价值观和观点方面所起的作用。由于信息技术的进步，媒介环境的变化给传播理论带来了新的挑战，要求重视与新媒介相关的主要理论性概念，研究如何将现有理论应用于新的传播环境，开发新理论和新研究方式来处理新媒介。①

1. 传播主体相关理论

传播主体不仅包括传播者，也包括受传者。编码是传播者的行为，而传播者对传播内容进行的编码能否使受传者准确解码，则涉及有关解码效果的宣传分析理论。

编码（encoding）就是将目的、意愿或意义转化成符号或代码的过程，这些符号除通常情况下可以是由字母、文字等构成的某种语言外，还可以是照片、音符或画面。语言的静态性、有限性和抽象性与现实的动态性、无限性和具象性特点相对立，使得语言这种编码符号并不能完全反映现实世界，任何一种语言的结构和词汇都含有很多对现实性的假定。解码也称译码（decoding），是与编码相反的一个过程，就是完全或者基本上把信号、符号还原为它们所表达的信息。解码是意义重现的过程，是人们用各类符号进行思维和交流的过程，也正是编码和译码的过程。受传者解码的效果即是传播者宣传的效果。关于宣传分析，最著名的是李和李（Alfred McClung Lee and Elizabeth Briant Lee，1935）提出的七种常用宣传

① Werner J. Severin，James W. Tankard，Jr.. 传播理论：起源、方法与应用［M］. 郭镇之，徐培喜等译. 北京：中国传媒大学出版社，2006：4－15.

技巧,分别是辱骂法、光辉泛化法、转移法、证词法、平民法、洗牌作弊法和乐队花车法。[①]

2. 传播心理相关理论

(1)认知一致性理论

许多理论家认为,人类通过各种方式追求一致性,这些方式不仅表现在人们对世界的理解方面,也表现在各自人格的发展方面。简单地说,人们所试图组织的世界往往是以自己看来有意义的手段来进行的。认知一致性理论认为,不一致性会导致人们相处中的心理紧张造成不适感,这种不适感继而又会导致人内心产生压力,这种压力促使着人们去消除这种产生压力的不一致性源头,尽可能达到认知上的一致,获得感觉上的再次平衡和舒适。

(2)说服理论

说服(persuasion)是传播最基本的形式之一,是由于接收别人的信息而产生的态度,即我们对事物认知倾向的改变。本质上讲,态度是对某种事物所持有的观点和判断,这种对事物喜欢或反感的总体印象是态度的关键。单方面和正反两方面的消息、来源的可信度、诉诸恐惧、预防接种等方式都可以达到态度改变的效果。

(3)群体与传播理论

人类是一种社会动物,时刻处于与他人的联系中,他人对自身态度、行为甚至感觉都能够产生很大的影响。无论群体是大是小,是正式群体或非正式群体,所属群体中的人对我们接受大众传播信息的影响程度都很大。三种最重要的群体形式如下:基本群体,指涉及长期、亲密、面对面联系的群体(两人或两人以上),如家庭、工作群体;参考群体,指某人认同并用做参考标准的群体,而他不一定属于这一群体,如渴望加入某个社团,就开始行为上模仿思想上接近;偶然群体,指事先并不相识的人们临

① Werner J. Severin, James W. Tankard, Jr.. 传播理论:起源、方法与应用[M]. 郭镇之,徐培喜等译. 北京:中国传媒大学出版社,2006:78 - 97.

时聚到一起所形成的一次性群体。群体有时因其具有影响社会的力量而被用作改变人们态度和行为的中介。

(4)两级传播和创新扩散理论

两级传播理论认为,信息往往首先流向意见领袖,即社会中处于较为关键位置上的人,再由意见领袖将其所接收的信息通过自己的理解传播给下一层级的受众。意见领袖与其追随者一般属于同一个群体。这种两级流动传播模式逐渐发展成为多级传播模式,并经常被运用于扩散研究。所谓扩散研究(diffusion research),就是对创新(新的观念、实践、事物等)如何为人知晓并通过社会系统进行推广的社会过程研究。两级流动传播模式主要研究个人如何接收消息并传递给他人,而扩散过程则集中于关注采用或拒绝一项创新的最后那个阶段。现有的证据表明,媒介倡导创新和态度改变的消息与受众的小组讨论两者相互结合,可以获得最佳的传播效果。①

3. 传播效果相关理论

(1)议程设置理论

这一理论最早是由美国学者麦库姆斯和肖提出的,探讨的是大众传播的效果和影响问题。该理论与以往的效果研究相比主要有三个特点:一是把传播效果分为认知、态度和行为三个层面,三者共同构成一个完整传播过程的不同阶段,侧重于认知,认为认知的主要目标是告诉人们应该想什么,从而把人们的注意力和关注点引导到特定的问题上。二是媒介的议程设置并不能达到立竿见影的效果,更多地体现为一个宏观的、中长期的和综合的客观社会效果。三是媒介对外界事物的报道不是一种镜面式的反映,而是会带有主观性有目的的取舍选择。在传播实践中,各种传播主体可以利用议程设置抓住受众的注意力,控制传播的主流动向。

① Werner J. Severin, James W. Tankard, Jr.. 传播理论:起源、方法与应用[M]. 郭镇之,徐培喜等译. 北京:中国传媒大学出版社,2006:176-185.

(2)知识沟假说

“知沟”理论是1970年美国传播学家P. J. 蒂奇诺等人在实证研究的基础上提出的一种理论假设:“由于社会经济地位高者通常能够比社会经济地位低者更快地获得信息,因此,大众传媒传播的信息越多,这两者之间的知识鸿沟也就越有扩大的趋势。”[①]蒂奇诺认为除了经济方面的原因外,造成“知沟”扩大的原因还有五种:第一,社会经济地位高的人和社会经济地位低的人在传播技能上有区别。他们的受教育水平通常存在差异,而人们基本的信息处理工作如阅读、理解、记忆等均需要靠教育打下基础。第二,在已存的信息数量或先前获得的背景知识等方面也存在差异。第三,社会经济地位较高的人可能有更多的相关社会联系。第四,选择性接触、接受和记忆的机制也可能在发挥作用。社会经济地位较低的人可能找不到与他们的价值观和态度相一致的涉及公共事务或科技新闻的信息,或者他们只是对此类信息兴味索然。第五,大众媒介系统自身的本性就是为社会经济地位较高的人而用的。[②] 缩小不同地区、受众群体之间的信息化差距,是改变传播中“知沟”现象的重要途径。

(3)使用与满足理论

使用与满足研究将关注的焦点从传播者的目标转向接收者的目标。它试图确定大众传播的哪些功能可以为受众使用。卡茨、格里维奇和哈斯(1973)将大众媒介视为个人用以联系(或隔离)他人的工具。从有关大众媒介的社会及心理功能的文献上(大多是推测的),他们选出35种需求,并将其分成五类,分别是认识的需要,获得信息、知识和理解;情感的需要,情绪的、愉悦的或美感的体验;个人整合的需要,加强可信度、信心、稳固性和地位;社会整合的需要,加强与家人、朋友等的接触;舒解压

---

① Tichenor, P. J. , Mass communication and differential Growth in Knowlede, Public Opinion-Quarterly, summer, 1970:158 - 170.

② Werner J. Severin, James W. Tankard, Jr. . 传播理论:起源、方法与应用[M]. 郭镇之,徐培喜等译. 北京:中国传媒大学出版社,2006:216.

力的需要,逃避和转移注意力。[①]

4. 传播媒介相关理论

麦克卢汉在 1964 年提出了媒介既消息(the medium is the message)的观点。他说,传播媒介最重要的效果在于它影响我们理解与思考的习惯。感官比例的概念指的是人们各种感觉器官的平衡作用。原始人用所有的 5 种感官——嗅觉、触觉、听觉、视觉、味觉。但是技术,特别是传播媒介,使人们只强调一种感官,超过其他感官。[②]

5. 传播伦理相关理论

(1)政治传播伦理

政治传播是社会秩序建立、政治事务决策和社会运作及其控制的重要途径和方式,它在人类社会生活中起统帅和主导作用。政治传播具有建构新的伦理体系、维护既有的伦理体系、进行道德意识的社会化、提高公众的道德素养、规范公众的行为、规范大众传播伦理秩序的功能。政治传播伦理问题涉及公众的传播权利、政治对媒体的控制审查、政治宣传合理性等方面。[③]

(2)新闻传播伦理

新闻伦理,是生活中的伦理在新闻报道中的实践应用。从新闻角度看要做到报道的公正准确,从伦理角度看要在最大程度上以尊重他人的态度来报道。作为新闻伦理,公正是最重要的伦理原则,公正是等利(害)交换,是最重要的道德,因为道德的目的是为了保障社会存在发展,而社会是每个人为了实现其利益而进行合作的一种形式。就保障社会合作的效用来说,等利交换和等害交换(公正)远远重要于无偿给予(仁爱和宽恕),远远重要于其他一切道德,即正义观念要发挥作用必须产生正

---

① Werner J. Severin, James W. Tankard, Jr.. 传播理论:起源、方法与应用[M]. 郭镇之,徐培喜等译. 北京:中国传媒大学出版社,2006:254.

② Werner J. Severin, James W. Tankard, Jr.. 传播理论:起源、方法与应用[M]. 郭镇之,徐培喜等译. 北京:中国传媒大学出版社,2006:243.

③ 陈汝东. 传播伦理学[M]. 北京:北京大学出版社,2006:28.

义感并依靠这种正义感,它就会是稳定而有效的。在新闻传播活动中,维护根本的社会公正一方面是记者的主要职责和义务;另一方面,追求社会的公正也是新闻从业者的道德指向。另外,还要注意采访报道中的人道主义空间,“己所不欲勿施于人”,遵守诚实传播信息的规则。①

(3)文艺传播伦理

文艺传播是文学和艺术的传播。在文艺传播道德中,文艺传播主体及其行为的道德是最主要的,文艺传播的道德问题,归根结底,在于传播主体及其行为的道德。文艺传播伦理不能抛开文艺传播者和文艺传播媒体的道德而空谈文艺作品中所反映得到的现象,应该把两者结合起来,具体体现在传播、维护、完善人类现有的道德系统,也就是传播、褒扬真、善、美,抑制、鞭挞假、恶、丑,反映人类的道德理想,促进人类文明的发展三个方面。文艺传播伦理中还表现出艺术性与政治性、理想性与现实性、艺术性与生活性、艺术真实与历史真实几个方面的冲突。②

(4)网络传播伦理

网络传播就是通过互联网进行的传播。与其他媒介相比,网络传播具有全球性、开放性、即时性、多媒体性、虚拟性、平民性、交互性的特点,其正向道德功能包括扩大了公众的言论权利,扩大了信息传播的速度与范围,增强了社会道德观念的互动和社会化。同时它也有消解社会主流道德意识和人类公德,消解社会信度,降低社会整体道德水平,破坏社会传播伦理秩序的社会道德解构功能。这就体现出了网络法治建设的必要性。③

---

① 陈绚. 新闻传播伦理与法规教程[M]. 北京:中国传媒大学出版社,2007:47.

② 陈绚. 新闻传播伦理与法规教程[M]. 北京:中国传媒大学出版社,2007:215.

③ 陈汝东. 传播伦理学[M]. 北京:北京大学出版社,2006:304.

第一章

马克思主义大众化与媒体融合的关系

马克思主义作为指导思想融于中国的革命、建设和发展事业已逾百年,在不同的历史阶段,对于马克思主义大众化的重点和主题包括内容、方式和要求等也有着不同的侧重点。马克思的书是属于一代人的"代书",要让马克思主义的"代书"继续在时代的发展中成为更多人的"代书",顺应时代发展的大众化这个步骤不可或缺。社会发展正在发生着愈加深刻的变化,对于马克思主义的理解和认知程度也必然随之发生变化。社会中不同群体的人会基于各自的社会生活背景站在自己特定的立场上对马克思主义进行解读。"……有感于现在的名流学者喜欢大谈特谈施密特、列维·斯特劳斯、鲍曼、萨义德、福柯、德里达、哈耶克、罗尔斯等,却偏偏不屑一顾、矢口不提马克思和《资本论》,我觉得这是一种怯懦和逃避。马克思主义在中国统治了半个世纪,今天仍然是正统意识形态,如何回顾它、认识它、梳理它、追本溯源到马克思的基本理论,实事求是地分析其是非得失、可继承和可抛弃的,是许多人所关切而学者们义不容辞的义务。"①

① 李泽厚. 马克思主义在中国[M]. 香港:民报出版社,2006:181.

第一节 马克思主义大众化的科学内涵及基本特征

在马克思主义大众化这一概念的界定上，有学者认为，“马克思主义大众化的基本内涵是：马克思主义是实践的、有群众立场的理论，而不是束之高阁、无的放矢的空洞说教。马克思主义大众化是马克思主义的本质属性。马克思主义大众化，就是要让人民群众掌握科学的分析和解决问题的基本方法，提高觉悟，同迷信和错误思想做斗争，并自觉成为先进文化的实践主体，实质上是解决民心和民智问题”。① 还有学者认为“不能把马克思主义大众化仅仅理解为马克思主义的普及化、通俗化、民族化”，“马克思主义大众化的过程也就是马克思主义理论在内容上和形式上的创新和发展的过程”。② 较为统一的观点是认为马克思主义大众化指的是马克思主义为大众所理解和掌握，内化为大众不断改造主观世界和客观世界的精神武器。我认为，马克思主义大众化的内涵可以从以下三个方面来把握。

一、马克思主义大众化的科学内涵

（一）传播内容上马克思主义大众化传播具有通俗性

“马克思给我们留下的最有价值、最具影响力的精神财富，就是以他名字命名的科学理论——马克思主义。”③马克思主义理论内容的大众化是马克思主义大众化的最重要部分。马克思主义理论是指由马克思、恩格斯创立，并由继承者不断创新发展的一个与时俱进的关于共产主义和

---

① 曹泳鑫．马克思主义中国化时代化大众化的基本内涵和基本要求[J]．毛泽东邓小平理论研究，2010(1)：63－86.

② 孙熙国，路克力．马克思主义大众化与马克思主义理论的创新和发展——改革开放三十年来马克思主义大众化的一条重要经验[J]．探索，2008(6)：156－160.

③ 习近平．在纪念马克思诞辰200周年大会上的讲话[J]．人民日报，2018－5－5，第2版．

人类解放的理论体系，它的全部理论都是以实践为基础，根据实践的变化而同步发展和更新，同时指出人民群众是历史发展和社会实践的主体，一切实践都应该满足生产力的发展和人民群众的根本利益，若非，则会因违背社会发展规律而受到阻碍。马克思主义理论是开放的永不停息奔流的江水，永远走在完善、发展、实践的路上。

从本质上讲，马克思主义理论是一个从实践中总结、发展、创立，并不断创新和更新着的理论，来源于群众，目的是为群众谋利益，是依托大众、发展社会、推进历史的指导依据。反过来，这个最基本的特征又决定了上升为理论形态的马克思主义理论回归群众，以升华的实践性、科学性理论指导发展中的群众实践，只有使社会实践与指导社会实践的意识形态得到有效融汇，才能更好地使理论在实践中进一步完善，使实践在理论的指导下得到更深入地、更顺利地推进。马克思主义理论的通俗化是马克思主义大众化的关键题中之义，体现出马克思主义大众化的必要性。

（二）传播维度上马克思主义大众化传播具有历史性

170 多年前产生的马克思主义及其在世界各地指导革命建设中的理论发展和补充，以及传至中国后对中国革命建设的提领与中国马克思主义者将它与中国实际相结合的进一步发展，其历经的实践过程是坎坷而迂回曲折的。作为当代的受众主体，若跨越马克思主义的产生背景和发展推进环境，单薄地去接受马克思主义的既成理论是生硬而不易于理解的，并不能使理论在受众头脑中形成鲜活而形象的立体感。因此，马克思主义理论产生和发展背景的大众化，也应当成为马克思主义大众化传播的一项必经环节。

以理论产生的历史和创始人为起点，对马克思主义产生过程中的具体问题进行立体生动的描述和分析，突出马克思主义大众化的过程性和历史性，是马克思主义大众化传播的应有之意。要破除马克思主义的神秘感，首先要从打破对马克思主义理论家的神化开始，每个马克思主义理论创造者都是真实存在过的活生生的人，他们的思想也不是一步到位瞬间成熟起来，而是在实践的磨炼中逐步成长的。面向大众群体的马克思主义大众化传播由马克思主义理论者的成长和经历这两个环节进入到马克思主义的理论本身,会起到缓冲、过渡的作用。马克思主义理论是马克思主义创始人的思想创造,离开对马克思主义创始人各自的人生经历,离开他们在特定历史阶段中对具体问题的分析,马克思主义就失去了血肉和鲜活感,只是枯燥教条的堆积。

(三)传播过程中马克思主义大众化传播要消除距离感

对于马克思主义的理解,马克思主义是什么的问题,也是大众化必须解决的题中之意。解决不了受众对马克思主义看法上的偏颇,会在整体上影响马克思主义大众化的传播进程和传播效果,成为观念上的阻碍和桎梏。现在社会上对于马克思主义的理解,较为普遍的几种认识都不利于马克思主义大众化的推进。第一,认为马克思主义是空泛的说教,唬人的大道理。第二,认为马克思主义是党和国家的理论,与自身无关。第三,将马克思主义与社会问题硬性捆绑,认为我国社会发展中出现的次生和派生问题是以马克思主义为指导思想而造成的。当受众头脑中存在对马克思主义的这些不恰当甚至错误歪曲的认识和理解时,必将主观上排斥和拒绝接受马克思主义大众化传播的信息,造成传递受阻,通道截断。因此,消除化解受众的思想误区,让受众对马克思主义的认识回归正轨,才能为马克思主义理论具体内容的传播打开畅通的渠道,这也是马克思主义大众化的重要内涵。

二、马克思主义大众化的基本特征

“马克思主义应当有三种存在形态:一是理论形态,它存在于两种具体形态即原生态——马克思主义经典作家、新经典作家的著作和次生态——以教科书为主导形式的著作之中;二是制度形态,它存在于党和政府的政策、法规和指导性的文件中;三是观念形态,它存在于人民大众的理想信念、知识结构、思维方式和行为方式中。马克思主义大众化,就是通过马克思主义宣传教育,把马克思主义的理论形态和制度形态转变为观念形态。"[①]马克思主义大众化的基本内涵就是使马克思主义理论体系由抽象理性转变为生动具体,由深奥思辨转变为通俗易懂,由被少数人所理解和掌握转变为被广大人民群众所理解和掌握,并使它转化为人民大众的思想观念和价值观念,内化为人民大众自觉的生活方式和行为方式的过程。"'当代中国马克思主义大众化'这一命题具有特指和泛指两种含义。从前者来说,它特指当代中国马克思主义即中国特色社会主义理论体系的大众化。从后者来说,它泛指在当代中国条件下的马克思主义大众化,既包括马克思主义基本理论的大众化,也包括马克思主义中国化理论成果的大众化。"这里所指的马克思主义大众化传播指的是后者。[②]

(一)马克思主义大众化的意识形态性

马克思主义在意识形态领域具有不可估量的重要指导地位。马克思曾经很严肃地指出:"如果从观念上来考察,那么一定的意识形式的解体足以使整个时代覆灭。"[③]同样,一定意识形态的创新和维系足以开辟一个新的时代。作为产生于欧洲的先进思想学说,马克思主义传入中国,其影响迅速扩大,被越来越多的中国人所认识和接受,并直接导致中国共产党的诞生,最终成为拯救国家、改造社会的先进思想武器。这与近代中国的特殊国情和时代条件是分不开的。在瓜剖豆分、民族危亡的关键时刻,面对国内深刻的阶级矛盾和广大农民的悲惨境地,"救亡图存""救国图强"就成为时代的最强音,以"革命"求得民族独立和人民解放就成为最合乎历史发展的选择。马克思主义作为"改变世界"的实践哲学,把反对人类社会私有制和阶级剥削、实现无产阶级解放直至实现共产主义作为自身的价值诉求,倡导为成功实现目标须采取阶级斗争的手段和暴力革命的方式,主张革命成功之后实行生产资料公有制,这些具体原则和设想

① 何怀远. 关于推进当代中国马克思主义大众化的几个问题[J]. 南京政治学院学报,2008(3):15-18.

② 刘建军. 关于当代中国马克思主义大众化的若干问题[J]. 思想理论教育,2008(7):25-30.

③ 马克思恩格斯全集46卷(下)[M]. 北京:人民出版社,1980:35.

与近代中国的时代主题相吻合。[①] 中国一路走来，正是因为坚持了马克思主义的意识形态性，才奠定了实现马克思主义与中国实际结合的基础，才能在更开阔的视野上和角度上指导中国社会主义事业的建设，中国特色社会主义事业才能不断在卓著的成就中推进。

马克思主义对中国的支撑是铁的证，血的实，是将中华民族从危亡的悬崖拉回来并一路鼓舞中国走向今日辉煌成就的无上动力源泉。我国的社会主义是在资本主义没有充分发展的特殊前提下建立的，因此在发展中必须考虑这个特殊的国情。我国改革开放已经进入一个新的历史阶段，面临的形势更加复杂、任务更加艰巨。立足新时代，中国特色社会主义理论体系更直接的作用就是正确认识和解决当前最现实、最紧迫的任务，把当前中国特色社会主义事业推向前进。马克思讲的共产主义社会，实际上是一种对超越了资本主义社会、比资本主义社会更合理的一种社会的构想和描述，而不是一种确定了的完美的社会形态。作为共产主义第一阶段的社会主义更是这样，它的合理性和优越性不是绝对的，而是相对于资本主义而言的。我们更应该将社会主义看作是改造现实的一种运动、方式和手段，要看到社会主义建设每时每刻都在进行。在旧问题的解决和新问题的产生这种盘旋进程中，中国特色社会主义事业也在日新月异地推进和发展。

并且，马克思所讲的共产主义也有前提条件，其最根本的前提是生产力的高度发展，并且要建立在高度发达的物质基础之上。马克思提到的共产主义的典型特征是成熟形态的特征，而不是一经建立就马上充分体现出来的。对于社会主义和共产主义，我们要以科学态度严谨对待，而不应该放大想象，过度美化。若这种过度的美化被社会大多数人接受，而现实又不像想象中那么美好时，人们往往会更加失落。我国的社会主义建设正在进行时，而不是最终的完成时态，是动态的，而不是静止的，是不断

① 崔耀中．中国马克思主义大众化研究历史进程和基本经验[M]．北京：中国人民大学出版社，2013：338.

对过去和现在的超越和进步,是不断地通过改变现实的不合理去努力追求更理想的社会环境,而不只是一种社会形态。

另外,社会发展是一个复杂过程,封建思想残余和资本主义思想对我国社会主义建设的影响不会很快消失,我们也绝不能因此失去对社会主义的信心。中国自身延续下来的封建思想的影响不容忽视,需要时间去消除。中国经历了两千多年的封建社会,历史积淀客观存在,影响也是不会轻易抹掉的。对于优秀的传统文化我们应该作为凝聚中华民族的精神继续发扬和保持下去,但对待旧封建思想残余也要理性,其存在具有历史性和延续性,不要奢望一次全部冲洗掉。我们要看到这些封建思想存在的合理性和社会基础,并借助建设社会主义核心价值观以及弘扬中华民族优秀传统文化的机遇对其进行有条不紊的、潜移默化的清除、转化和改造。资本主义发展的优势也没有释放完毕,对中国的影响也时时处处存在。我们不仅要看到社会主义取代资本主义的必然性,取代过程的长期性、困难性、复杂性,更要看到资本主义在当代社会发展的优势,看到社会主义和资本主义之间不可割裂的联系。人类社会的发展是有继承性的,就像"资产阶级赖以形成的生产资料和交换手段是在封建社会里造成的"一样,无产阶级和社会主义也是在资本主义充分发展中才发展起来的,不能只强调资本主义和社会主义的对立而割断其历史联系,将其简单化。在社会主义内部保留资本主义的合理部分是必要的,要对资本主义的东西保持批判态度,既不能盲目排斥,也不能全盘吸收。看不到社会发展的复杂性,人们就容易产生浮躁情绪,对社会产生不满和失落。以中国封建末期为例,作为落后的社会形态,中国封建的清王朝在末期的腐败衰落中都苟延残喘了200多年;作为现在还在发挥一定优越性的资本主义制度,也不会瞬间消亡。资本主义的衰落将是一个复杂和漫长的过程,社会主义取代资本主义也会是一个漫长的历史进程,绝不能单一化和简单化地看待社会历史的发展。

我们的社会和生活更多直观呈现的是利益和物质,思想的空间则相对狭小。为思想找到立足之地,用思想引领生活进程,这是应当尽更大的努力去做的事情。在讲述民国时期南派宗师陈识武学经历的电影《师父》中,有句话是这样说的:“厉害的不是刀,而是刀法。”形是受到意的支配而产生作用和威力的。引申到马克思主义大众化传播上,可以明确需要大众化的马克思主义是以思想为主的马克思主义,体现马克思主义大众化的意识形态性,其他的各种不同形式和内容,可以为马克思主义大众化传播所用。“马克思主义大众化,是要让马克思主义成为人民大众认识和改造世界的锐利武器,而不是强制人民大众接受马克思主义。”①

(二)马克思主义大众化的民族性

在不同的国家、地区,不同的社会背景、历史发展阶段,马克思主义的实践指导性都体现为不同的方式。因此,马克思主义的大众化,首先要与当地的具体实际相结合。在我国,马克思主义的民族性特征,体现在其需要在中国特殊的国情中指导我们的具体实践上。马克思主义理论的表达和阐释须符合我国人民的思维习惯,并结合我国人民易于理解和接受的形式来推进其大众化,让马克思主义具有中国的民族风格、特色和气派。要站在马克思主义的立场,用马克思主义的观点、方法揭示我国社会发展的规律性,解决我国社会主义建设中遇到的实际问题。

马克思主义大众化的民族性特征,体现了矛盾特殊性原理,显示了一切从实际出发的理论品格。马克思主义指导的实践,必须是具体化的实践,在具体的背景和环境中的实践。这个实践,就是从我国国情出发的实践,现成的社会主义道路范本是不存在的。习近平在纪念马克思诞辰200周年大会上的讲话中有这样一段精彩的论述:“当代中国的伟大社会变革,不是简单延续我国历史文化的母版,不是简单套用马克思主义经典作家设想的模版,不是其他国家社会主义实践的再版,也不是国外现代化发展的翻版。社会主义并没有定于一尊、一成不变的套路,只有把科学社会主义基本原则同本国具体实际、历史文化传统时代要求紧密结合起来,

① 刘建军. 关于当代中国马克思主义大众化的若干问题[J]. 思想理论教育,2008(7):25 -30.

在实践中不断探索总结,才能把蓝图变为美好现实。”在中国这片土地上,马克思主义与中国特殊文化土壤的融合体现出鲜明的民族特色,是马克思主义同我国具体实际相结合,发挥其有效指导性作用的前提条件。在这个基础上,马克思主义的大众化传播才会具备深厚而广泛的民族情感和根基。

马克思主义的民族性特征还体现在对历久以来中国人民实践经验积累的融合上。扎根于中国的土壤,把马克思主义真理的力量深深熔铸在民族的生命力、创造力、凝聚力之中。从实际出发,把马克思主义基本原理同中国国情结合起来,从中国优秀文化传统中汲取营养,把马克思主义理论与中华民族的文化特质、思维模式、价值取向、行为方式结合起来,着眼于解决中国建设和改革中面临的具体问题,通过总结中国人民在实践中积累的独创性经验,为现代化建设提供科学理论指导。融马克思主义与中国文化于一体,融世界文明与中华文明于一体,融时代要求与民族特色于一体。要运用人民群众习惯的语言、习惯的思维方式、乐于接受的形式,并充分吸纳民族优秀传统文化成果,使马克思主义中国化继续推进,以中国特色社会主义理论体系这个马克思主义在当代中国发展的最新成果指导中国发展实践,将马克思主义在中国优秀传统文化中发扬光大,使之具有易于群众接受的中国风格和中国气派。

(三)马克思主义大众化的时代性

马克思主义的实践性体现在要指导和反映特定时代条件下的实践上。要形成反映一个时代人民群众最新需要、回答这个时代提出的最新课题、适应这个时代发展最新要求的马克思主义理论成果,就要把马克思主义的基本原理与时代特征紧密结合起来并实现其大众化。只有根据新形势、新情况、新实践不断丰富和发展,随时随地从不同国家的特定历史条件出发,紧密结合多样多变的客观现实而灵活运用,马克思主义才能永葆生机和活力,才能指导丰富的社会实践。列宁强调:“在分析任何一个社会问题时,马克思主义理论的绝对要求,就是要把问题提到一定的历史范围之内。"[①]思想理论要同变化着的实际相符合,跟随时代的变化发展增进认识的转变,对于马克思主义必须既继承又发展,不断依据实践的要求和时代的前行来更新观念和思想。以《共产党宣言》为例,马克思恩格斯在肯定其"所阐述的一般原理整个说来直到现在还是完全正确的"的同时,又进一步强调这些原理在实际运用中必须"随时随地都要以当时的历史条件为转移"。[②] 没有抽象的马克思主义,只有具体的马克思主义。时代在变化,实践在前进。对变化了的时代和实践做出科学准确的判断和分析,使理论符合实际情况,并指导新的实践,是时代赋予马克思主义的重大使命。马克思主义强烈的实践本性,决定了它自身一定要关注具体的国情和时代特点,关注历史主体和任务的转变,并在这种现实关注中实现自身的与时俱进,在与时俱进中展现自己的理论价值。

具体的时代中有其特殊的发展状况,随着时代的发展而发展又不断推动社会前进体现了马克思主义大众化的时代特性。当今世界正在发生深刻复杂变化,中国特色社会主义进入新时代,我国发展仍处于重要战略机遇期,前景十分光明,挑战也十分严峻。马克思主义的理论内涵显得尤为重要,要在正确认识和把握当今社会发展历史进程的基础上解决时代课题,坚持解放思想、实事求是,把马克思主义同时代发展、时代特征结合起来,不断拓宽马克思主义大众化的传播范围和影响。中国特色社会主义理论体系是中国化的马克思主义,是马克思主义在中国的发展,顺应当代世界发展大势,紧扣当代中国社会发展主题,发挥马克思主义强大的现实指导作用。要着眼于时代发展的要求推进马克思主义大众化,引导人民群众不断提高运用最新成果认识新情况、分析新矛盾、揭示新规律、解决新问题、总结新经验的能力,把理论的时代内涵和要求灌注到广大人民群众实践中。

马克思主义是历史的产物,其时代化还体现了真理的过程性。认识

① 列宁选集2卷[M]. 第3版. 北京:人民出版社,1995:375.

② 马克思恩格斯选集1卷[M]. 第2版. 北京:人民出版社,1995:248.

和实践的发展都需要经历一个过程,对真理的认识和验证也需要一个过程。所谓一成不变的绝对的永恒真理是不存在的。马克思主义之所以没有在历史和社会的发展中成为一瞬,关键在于它坚持了在实践基础上的与时俱进和顺应时代发展的不断更新。

（四）马克思主义大众化的实践性

马克思主义是实践的科学,实践特色是马克思主义大众化最本质的诉求。实践是马克思主义哲学首要的基本观点,马克思主义大众化的实践性反映出马克思主义大众化的科学性,建立在唯物主义之上的科学的实践观是这一科学理论的重要基石。马克思主义以改造世界为自己的理论归依,来源于实践又归结于实践,真正实现了理论探求上的理性尺度和价值尺度的有机统一。马克思主义哲学强调和立足于主观认识和客观实践的统一,强调实践的主要内容是生产劳动,实践的主体则是人民群众,实践检验真理的标准最终又归结到生产力的发展和人民群众利益的满足上来。正确的理论不仅来自实践,而且接受实践检验并随着实践的发展而发展。既要从实践发展的需要出发,对马克思主义科学原理和科学精神进行准确地把握和运用,也要结合新的实践,在回答和解决实际问题中推进理论创新。完全可以说,科学实践观的确立是马克思主义作为科学理论产生的一个基本前提,也是其区别于其他非马克思主义理论的重要标志。马克思主义产生于实践、运用于实践、发展于实践,并且最终由实践来检验,它在强调“社会生活在本质上是实践”的同时,更注重通过实践改变世界。马克思主义必须发展、必须与时俱进的要求是由马克思主义实践本性决定的,这是马克思主义的生命之源、力量所在。只有在实践中,马克思主义才能实现其科学性,展现其真理性,实现对社会实践的指导。

从丰富的实践活动中、从火热的社会生活中、从人民群众的创造中汲取营养,善于把人民群众创造的新鲜经验升华为理论成果,在实践中不断丰富发展科学理论是我们不断推进马克思主义大众化的实践基础。马克思主义大众化的实践性体现在要坚持把理论学习和研究同推动社会重大现实问题的解决结合起来,同指导实际工作结合起来,努力使理论成果更好地转化为治国理政的方针政策,转化为群众的自觉行动,用发展着的马克思主义指导新的实践。只有立足于实践的基础来思考、研究和宣传,马克思主义才能贴近人民群众的实践、亲近人民群众的生活,才能顺利地实现大众化传播。

(五)马克思主义大众化的科学性

科学性是指推进马克思主义大众化要遵循客观规律,要符合实践发展的必然要求。马克思主义大众化是顺应客观需要推进理论创新发展和宣传普及的有规律的实践活动,这是其现实科学性的重要方面。没有科学理论指导的实践是盲目的,理论的科学性和理论发展与宣传的规律性,体现了马克思主义大众化的科学性。这种科学性是马克思主义大众化取得良好效果的根本保证。马克思主义是科学的理论,是对客观世界和人类社会发展本质和规律的正确反应,是人民群众认识世界、改造世界的强大思想武器。

马克思主义坚持世界的物质性和真理的客观性,力求按照世界的本来面目如实地认识世界、全面地认识客观事物,并透过现象深刻地揭示事物的本质和规律,自觉接受实践的检验,并在实践中不断丰富和发展。马克思主义之所以具有无穷的生命力和发展力,归根结底就是因为它是科学的理论,具有完备而严谨的科学体系,不同于任何宗教迷信或鼓动性宣传,它是科学的完整的世界观。马克思主义依靠真理的科学的力量,在人民群众的实践中坚持统领地位,真正发挥指导实践的根本作用。马克思主义深刻的科学性决定着马克思主义大众化的可能性。大众化体现的是理论能够为人民群众接受的要求。科学的理论要被群众所接受,必须通俗化。没有通俗化,理论就很难被群众所理解掌握。这符合理论大众化自身的内在机理和必然趋势,充分显示了大众化的科学性。

在实践中人民对科学的马克思主义理论的现实需要构成了马克思主义大众化的内在动因。人民群众要正确地认识世界和改造世界离不开科学理论的指导,理论只有科学才能说服人,在理论宣传普及的规律性中马克思主义大众化也彰显出科学性,理论的宣传也只有遵循传播的科学规律才能达到预期的目的。马克思主义大众化的过程需要关注受众的接受心理以及传播的规律,把握人民的思想变化趋势,有规律地区分群体的需求差异,通过适当的传播机制、先进的传播手段使当代中国马克思主义的传播机制契合大众接收和思考习惯,也体现出马克思主义大众化的科学性特征。

第二节 我国媒体融合的发展趋势及现状

媒体融合是信息时代背景下一种媒介发展的理念,是在互联网迅猛发展基础上的传统媒体的有机整合,这种整合不仅指技术上的融合,更体现出现代理念和传统理念的交融贯通。

一、基本概念

"媒体融合"(media convergence),最早由尼古拉斯·尼葛洛庞蒂提出。美国马萨诸塞州理工大学教授浦尔认为,媒介融合是指各种媒介呈现多功能一体化的趋势,其概念应该包括狭义和广义两种。狭义的概念是指媒体融合可以看作为传播媒介的互相交融合并,融合成一种技术层面上的形式新颖的传播媒介,这个范围较为简单和局限,只是物质基础上的融合、更替和更新,将不同的媒介形态"融合"在一起,产生"质变",形成一种新的媒介形态,如电子杂志、博客新闻等。而从更广泛的意义上来说,媒体融合不仅仅是新兴媒体和传统媒体技术层面上的合体那么机械,更广层面上的媒体融合,除了传播媒体形态层面上的合作、合并之外,更重要的是媒体的功能、手段、理念、制度结构、组织形式等要素的融合,以多元化的新结合模式,把报刊、电视、广播等传统媒体与网络、智能终端等新兴媒体有效整合,集中起来处理共享的资源,通过不同的发布平台和传播渠道将信息传递给范围涵括更广的受众群体。不仅是产生出来的信息，即便是融合的媒体自身，也具有鲜明的时代性，对传播内容以一种新的综合模式体现更深程度上的把握性，实现传播更广的覆盖性。这种“融合”不仅包括媒介形态的融合，还包括媒介功能、传播手段、所有权、组织结构等要素的融合，亦包括一切媒介及其有关要素的结合、汇聚甚至融合。也就是说，“媒体融合”是信息传输通道的多元化下的新作业模式，它能把报纸、电视台、电台等传统媒体，与互联网、手机、手持智能终端等新兴媒体传播通道有效结合起来，资源共享，集中处理，衍生出不同形式的信息产品，然后通过不同的平台传播给受众。①

媒体融合在我国有更具体的含义和发展内涵。2016 年元宵节前夕，习近平总书记到人民日报社、新华社、中央电视台调研，亲自体验媒体融合新技术，体现出了国家层面上对媒体融合发展的高度重视。2016 年 12 月 31 日和 2017 年 12 月 31 日的新年前夕，习近平同志不仅通过中国国际广播电台、中央人民广播电台、中央电视台，更增加了中国国际电视台（中国环球电视网）和互联网的新传播媒体平台发表了新年贺词。现在，媒体格局、舆论生态、受众对象、传播技术都在发生深刻变化，特别是互联网正在媒体领域催发一场前所未有的变革。受众在哪里，宣传报道的触角就要伸向哪里，宣传思想工作的着力点和落脚点就要放在哪里。要顺应互联网发展大势，勇于创新、勇于变革，利用互联网特点和优势，推进理念、内容、手段、体制机制等全方位创新，努力实现媒体创新发展。要研究把握现代新闻传播规律和新兴媒体发展规律，强化互联网思维和一体化发展理念，推动各种媒介资源、生产要素有效整合，推动信息内容、技术应用、平台终端、人才队伍共享融通。

二、媒体融合的发展趋势

2013 年以来，无论是中国还是全球，随着移动通信和互联网的高度

① 苟东涛．浅谈媒体融合［OL］人民网－舆情频道 http://yuqing.people.com.cn/n/2014/0925/c244089－25733441.html，2014－9－25.

融合,传统媒体和新兴媒体的融合进程大大加快。高度网络化、社会化、移动化的融合媒体发展风向,也成为各国信息化发展的鲜明导向。

(一)全球发展趋势

在人类历史上,信息传播的革命往往伴随着人类经济、政治、文化、社会等领域的重大革命。2013 年全球新媒体产业发展迅速,体现了新媒体产业强劲有力的发展势头。新媒体市值超过传统媒体,并与传统媒体呈现多头垄断现象。随着移动媒体消费时间增长,智能设备逐渐走向主流。更重要的是,从全球来看,以互联网为代表的新媒体自诞生之际就深刻地影响着社会结构、社会互动模式,改变着社会变迁的进程。随着新媒体用户数量的增长,其对社会发展广度和深度的影响都超过了人们的预期和判断,改变社会结构形态,促进社会利益结构多元化的发展,导致社会群体关系更加复杂。从基础层面来看,新媒体的诞生迅速地改变和重塑着传统的社会结构,凸显了全新的组织类型及个人与组织的关系模式。新媒体带来了舆论和利益表达的新时代,创造了新的利益表达方式,网络媒体与传统媒体相比,受众更加平民化,言论更加自由。① 2013 年,世界主要国家先后推出新媒体发展的国家战略,检视这些国家战略,我们可以发现两大特点。一是高度重视网络安全,以安全促发展。目前,已有超过 40 个国家制定了网络空间国家安全战略并成立了相应机构。多个国家制定了专门的大数据、云计算、智慧城市等方面的战略规划,重视技术和应用,以技术求强大。2013 年 2 月,美国政府推出了为期十年、耗资数十亿美元的人脑研究计划,大数据技术上升为国家重大创新的关键技术。不断出台的国家战略对新媒体产业发展具有现实指导和长期推动的意义,也推进着中国新媒体产业进入发展关键期。②

① 新华社新媒体中心. 中国新兴媒体融合发展报告[M]. 北京:新华出版社,2014:110-111.

② 新华社新媒体中心. 中国新兴媒体融合发展报告[M]. 北京:新华出版社,2014:12-13.

(二)国内发展趋势

2014年不仅是中国的媒体融合元年,也是中国开通国际互联网20周年。自1994年中国开通国际互联网20年以来,中国已经成为一个新兴媒体大国,以互联网为代表的新兴媒体产业在中国从无到有、从有到大,中国正在迈向新兴媒体强国。

中共中央政治局委员、中央书记处书记、中宣部部长刘奇葆2014年4月23日在《人民日报》发表《加快推动传统媒体和新兴媒体融合发展》,系统阐述了"推动媒体融合发展是一项紧迫的战略任务""努力形成适应媒体融合发展的观念和认识""瞄准和利用最新技术推动融合发展""进一步增强媒体信息内容的核心竞争力""建立适应融合发展的组织结构、传播体系和管理体制"等加快推动传统媒体和新兴媒体融合发展的基本思路和内容。①

在中国的媒体融合发展中,表现出几种较为关键的趋势。第一,对于媒体融合的整体规划被提到更加重要的战略性地位,提出中国要从新媒体大国走向新媒体强国的战略目标。新媒体作为国家发展制高点地位日益显现,应尽快抓住移动互联网的发展机遇,缩小与发达国家的差距,提高对于网络和信息安全的重视,保证国家安全和社会稳定。第二,充分发挥新媒体促进社会发展的正能量作用。新媒体对于中国的发展而言正能量远大于负影响,进一步发挥促进社会发展的作用是今后我国媒体融合发展的重点。加快运用新媒体,实施电子政务和信息公开的制度化建设,推动新媒体和教育等领域的结合,促进社会服务管理模式创新,支持主流媒体进一步与新兴媒体融合,提高微传播生态下舆论的管理和引导水平。第三,加强法规建设,提高管理水平。在新媒体管理方面,法律是最有力的保障,要发挥新媒体在促进社会发展中的积极作用,进一步完善有中国特色的新媒体法规体系。加强对突出问题的治理,在不断加强法治环境

---

① 刘奇葆. 加快推动传统媒体和新兴媒体融合发展[OL]人民网-人民日 http://theory.people.com.cn/n/2014/0423/c40531-24930488-4.html 报 2014-04-23.

建设的基础上，对网络与信息安全、个人隐私、青少年保护和知识产权等突出问题进行专项治理，特别要构建全方位的社会化治理体系。大力倡导行业自律，积极发挥行业协会作用，强化行业自律机制，完善行业规范与自律公约，加强从业规范宣传。①

融合媒体时代，中国一直高度重视新兴媒体产业，特别重视传统媒体和新媒体的融合。中国共产党第十八次全国代表大会提出："促进文化和科技融合，发展新型文化业态"，"构建和发展现代传播体系，提高传播能力"。② 2013 年 8 月 19 至 20 日在北京召开的全国宣传思想工作会议上，中共中央总书记、国家主席、中央军委主席习近平出席会议并发表重要讲话，强调宣传思想工作一定要把围绕中心、服务大局作为基本职责，胸怀大局、把握大势、着眼大事，找准工作切入点和着力点，做到因势而谋、应势而动、顺势而为。要加强宣传思想工作创新，重点要抓好理念创新、手段创新、基层工作创新，努力以思想认识新飞跃打开工作新局面，积极探索有利于破解工作难题的新举措新办法。③

党的十八届三中全会上，党中央明确提出"整合新闻媒体资源，推动传统媒体和新兴媒体融合发展"的指导思想。2014 年 6 月 29 日，中共中央政治局常委、中央书记处书记刘云山到人民日报社就做好新形势下宣传舆论工作进行调研，强调要深入学习贯彻习近平总书记系列重要讲话精神，牢牢把握正确舆论导向，充分发挥宣传舆论的积极作用，扎实推进社会主义核心价值观建设，为坚持和发展中国特色社会主义、实现中华民族伟大复兴的中国梦凝聚强大精神力量。刘云山强调，要顺应媒体发展的新趋势，尊重规律、勇于开拓，掌握新技术、发展新业态、用好新媒体，加快推进报网融合，不断提升主流媒体的传播力与影响力。他指出，做好新

---

① 新华社新媒体中心．中国新兴媒体融合发展报告[M]．北京：新华出版社，2014．22－26.

② 胡锦涛．坚定不移沿着中国特色社会主义道路前进 为全面建成小康社会而奋斗——在中国共产党第十八次全国代表大会上的报告[OL]．http://paper.people.com.cn/rmrb/html/2012-11/18/nw.D110000renmrb_20121118_1-02.htm，2012-11-8.

③ 全国宣传思想工作会议．http://www.12371.cn/special/qgxcsxgzhy/.

形势下的宣传舆论工作,一项具有全局意义的重要任务就是培育和弘扬社会主义核心价值观。要深入学习领会习近平总书记关于社会主义核心价值观的重要论述,深刻认识核心价值观建设的重大意义、目标任务,进一步增强思想自觉、认清责任使命,把弘扬核心价值观要求体现到宣传舆论工作各方面。他强调,社会主义核心价值观继承了中华民族优秀文化传统,植根于改革开放的成功实践,体现着中国特色社会主义道路、理论体系、制度的独特优势,要增强价值观自信,坚守正确的价值立场,高扬社会主义核心价值观的精神旗帜。要深入持久地宣传阐释核心价值观的丰富内涵、历史渊源、现实基础和道义力量,宣传阐释优秀传统文化与核心价值观的内在联系,不断增强人们对核心价值观的认知认同。要贯彻落细、落小、落实的要求,注重接地气、贴民心,找准与时代的对接点、与百姓的共鸣点,把核心价值观宣传渗透和体现到各领域宣传报道之中,努力做到潜移默化、润物无声。①

十九大报告中也对培育和践行社会主义核心价值观的重要性做了阐述,指出"要以培养担当民族复兴大任的时代新人为着眼点,强化教育引导、实践养成、制度保障,发挥社会主义核心价值观对国民教育、精神文明创建、精神文化产品创作生产传播的引领作用,把社会主义核心价值观融入社会发展各方面,转化为人们的情感认同和行为习惯"。② 这实际上也从文化产业发展的角度,指出中国传统媒体和新兴媒体融合发展动向,指出传统媒体和新兴媒体融合是提高中国文化软实力建设和构建现代传播体系的必然路径。

三、我国媒体融合的发展现状

2014 年 8 月 18 日中央全面深化改革领导小组第四次会议审议通过

---

① 新华社新媒体中心. 中国新兴媒体融合发展报告[M]. 北京:新华出版社,2014:32 - 34.

② 习近平.《决胜全面建成小康社会 夺取新时代中国特色社会主义伟大胜利——在中国共产党第十九次全国代表大会上的报告》[M]. 北京:人民出版社,2017:42.

《关于推动传统媒体和新兴媒体融合发展的指导意见》，提出推动媒体融合发展，要遵循新闻传播规律和新兴媒体发展规律，强化互联网思维，坚持正确方向和舆论导向、坚持统筹协调、坚持创新发展、坚持一体化发展、坚持先进技术为支撑。同时《意见》强调，推动媒体融合发展，要将技术建设和内容建设摆在同等重要的位置。要适应新兴媒体传播特点，加强内容建设，创新采编流程，优化信息服务，以内容优势赢得发展优势。并且要按照积极推进、科学发展、规范管理、确保导向的要求，推动传统媒体和新兴媒体在内容、渠道、平台、经营、管理等方面深度融合，形成立体多样、融合发展的现代传播体系。要一手抓融合，一手抓管理，确保融合发展始终沿着正确的方向推进。

我国媒体融合的开端，以 1995 年 10 月 20 日《中国贸易报》推出网络版为标志性事件。2004 年 5 月，牡丹江广播电视集团与牡丹江报业集团正式合并，组建了国内第一家真正按企业模式运营的跨媒介产业集团，现在牡丹江新闻传媒集团已发展成为一家拥有广播、电视、报纸、杂志、音像出版、网站等多种传媒资源，涵盖广告、影视、网络、印务、出版发行、传媒教育、旅游、国际贸易等多种业务领域的综合性传媒集团。进入 2010 年，媒介融合在我国政策层面也有了新的进展，2010 年 2 月，国务院常务会议决定加快推进三网融合，产业界迅速跟进。2010 年 7 月，国务院公布了我国开展三网融合的试点城市，由此，新旧媒体的融合越来越多地出现在我国传媒领域，如广播、电视、报纸纷纷上网，移动电视、手机电视、手机报纸等相继出现，广电网、电信网、互联网三网合一的战略已经进入初步的操作性层面。在这种集中和融合的媒体集团中，不同的媒体可以通过流程控制实现资源重整，报纸、广播电台、电视台、网站、手机等媒体可以利用各自的介质差异，在新闻信息传播上实现资源共享而又产品各异，联手做大区域市场，最终实现媒体间的无缝融合。媒体融合是在传统媒体与新媒体从对立碰撞转向融合依存的背景下提出的，随着新媒体影响力的增强，以报纸为首的传统媒体在世界范围内面临严重的生存危机。以美国为例，主流报纸的发行量逐年持续下跌，多家地方报纸宣布关门或仅保留网络版，致使大量报人失业，其中不乏普利策新闻奖得主。中国报业在网络时代也面临着同样的处境，发行量下降，广告收入锐减，为了应对网络环境下的竞争，许多报纸开始战略转型，通过“报网互动”的方式维持报社品牌，扩大影响。随着受众群体，尤其是年轻一代受众向新媒体的流失，广播电视等传统媒体也面临着同样的命运。在这种媒介环境下，媒介融合成为大众传媒发展的必然趋势。[①]

2014 年 1 月 1 日，《新闻晚报》停刊，成为我国在传统媒体转型中第一个倒下的纸媒，这个事件使得传统媒体转型、传统媒体与新兴媒体融合发展的议题更加直观地摆在了众人面前。2014 年 8 月 18 日，《关于推动传统媒体和新兴媒体融合发展的指导意见》在中央全面深化改革领导小组第四次会议上审议通过。习近平总书记在会上强调，要着力打造一批形态多样、手段先进、具有竞争力的新型主流媒体，建成几家拥有强大实力和传播力、公信力、影响力的新型媒体集团，形成立体多样、融合发展的现代传播体系。媒体是党和国家的喉舌，在传播过程中，媒体要做到能够正确表达国家话语、体现社会主义核心价值观、代表最广大人民的利益、为人民群众喜闻乐见，要站在“巩固宣传思想文化阵地、壮大主流思想舆论”的诉求上。《意见》的出台，更是将媒体融合提升至国家战略的高度，成为媒体融合发展的里程碑和分水岭，2014 年成为中国的“媒体融合元年”。[②]《意见》对新形势下如何推动媒体融合发展提出了明确要求，做出了具体部署。媒体的改革发展，以前依据的中央发布的指导性文件都是关于文化体制改革方面的，具体的媒体改革发展政策，是政府管理部门根据中央关于文化体制改革方面的文件制定的。在此《意见》发布前，中央尚无就媒体的改革发展下发过专门文件。党和政府主导的举国体制是中国特色社会主义的最大特色之一，因此，《意见》无疑将成为未来相当一个时期里指导我国媒体融合的纲领性文件，也体现了党中央对媒体融合

① 王梓帆. 我国媒介融合发展现状及趋势研究[J]. 甘肃科技，2015，31(16)：17－18，40.

② 陈力丹. 解析中国新闻传播学 2015[M]. 北京：人民日报出版社，2015：39－40.

这一问题的高度重视。同时,对于媒体融合,财政扶植力度创新高。据《中国新闻出版报》报道,2014 年,全国财政一般公共预算文化体育与传媒支出达到了 2753 亿元,中央文化产业发展专项资金支持新闻出版项目 21 亿元。①

从 1995 年开始,我国媒体融合的实践已经在探索和创新中走过二十多年的历程。传统媒体与新兴媒体从各自为政到互相竞争再到相互融合,在摸索中改变,在改变中发展。而传播媒介的变动给马克思主义大众化传播在宏观环境和微观环境上都带来了不容忽视的"蝴蝶效应"。中央政治局在 2013 年密集地做出加强重视新媒体建设的有关决策,表明了党中央对新媒体的高度重视。在推进中国互联网发展方面,国务院发布了《"宽带中国"战略及实施方案》,提出了 2020 年前两个阶段性的发展目标,明确了加快宽带网络建设的技术路线、发展时间表、五项重点任务和七个方面的扶持措施,表明宽带建设已经在国家战略层面实施。② 现如今,主流媒体新闻网站和商业新闻网站共生的新闻传播大格局已经形成,报刊数字化、移动化趋势明显,如人民日报社、经济日报社、光明日报社等权威传统报刊媒体都已建立自己的网站、移动终端应用,并在微博、微信等微传播领域开通自己的公众号。电视开启全媒体、新媒体化战略,如中央电视台的节目不仅会在其网络平台 CNTV 上实现点播,也会通过手机等客户终端实现现场直播及互动。主流媒体在媒体融合趋势下都在积极向新兴媒体领域扩展,正在逐步实现媒体全覆盖。

第三节　马克思主义大众化传播与媒体融合的关系

马克思主义大众化传播与媒体融合是辩证统一的关系。一直以来,

① 杨驰原. 媒体融合的现状与趋势[OL]. 中国社会科学网,http://www.cssn.cn/xwcbx/xwcbx_gcsy/201506/t20150630_2054383.shtml,2015-06-30.

② 新华社新媒体中心. 中国新兴媒体融合发展报告[M]. 北京:新华出版社,2014:7-8.

传播媒体在马克思主义大众化的推动中功勋卓绝,马克思主义大众化离不开传播媒体的宣传推动。正是因为传播媒体的进一步融合发展,功能深化,使得马克思主义理论具有了更丰富的表达渠道和形式,更加富有感染力与吸引力,也更加贴近人民群众的生活需要。

当今是一个知识爆炸的时代,随着网络信息技术的不断发展和创新,新兴传媒的功能也显现出强大的操控力,其影响力远远超过了传统媒体。新兴媒体不仅深刻地改变着人类社会的生活方式,也快速地改变着人们接受新理论新知识的方式。媒体融合为当代中国马克思主义大众化增添了新平台,融合媒体的多样性、复杂性为推动当代中国马克思主义大众化的发展提供了便利条件。

一、媒体是马克思主义大众化传播的重要阵地

大众传媒担当马克思主义大众化的载体,是马克思主义向人民群众进行传播的重要阵地。人们可以通过报纸、杂志、网络等多种途径和传媒形式,抒发意见和接收信息,将马克思主义理论对民众开展宣传和普及。通过传播提高马克思主义理论的价值认同,可以缓解各种社会矛盾,获得广大人民群众的广泛支持。大众传播媒体能在较短时间内将信息传播到社会各个角落,从而形成强大的社会公共合力,在引导民众形成正确舆论方面发挥重大作用,在意识形态领域占领媒体阵地的主导地位是马克思主义大众化的根本原则。只有在坚持马克思主义理论思想主体地位的前提下,才能更有效地促进现代文化思想的交流和融合,才能实现社会主义核心价值观对社会思潮的引领作用,以国家和人民群众的根本利益为出发点,使马克思主义科学理论真正成为人们实践活动的行动指南。

媒体在推进马克思主义大众化过程中发挥着重要作用。马克思主义大众化是一种理论诉求,也是人民群众的一种现实需要,更是大众传播媒介的一种历史使命。马克思列宁主义、毛泽东思想、中国特色社会主义理论体系的传播,需要借助于媒体平台。如人民日报社在人民网设立的中国共产党新闻网,就是集中宣传马克思主义的红色平台,中国共产党新闻

网不仅发布大量党建、党史、理论学习的信息和资料，还设有专门的互动交流板块，实现传播者和受众的互动，让受众的反馈意见及时传递给传播者。在当今信息化社会背景中，掌握媒体话语权就掌握了舆论的主动权，充分利用媒体阵地进行传播，马克思主义大众化才能得到真正实现。

二、马克思主义大众化的有效传播能够规范媒体的传播行为

媒体的传播行为离不开马克思主义理论的指导。融合媒体的快速发展需要正确的价值观作为指导标准。媒体的不断发展和运用是先进社会生产力的产物，是人们在客观世界中的实践活动，必然需要马克思主义科学理论的引领，发挥马克思主义理论的舆论导向作用。马克思主义是媒体传播必须坚持的指导思想，坚持马克思主义就是坚持正确的舆论导向。马克思主义理论大众化传播能够确保媒体传播积极健康的发展。在现代社会中，人民群众的思想价值观日趋多样，精神世界较之以往发生着巨大的转变。随着网络技术的普及，融合媒体的建设与管理成为关系到国家稳定和群众安定的重要环节。只有将马克思主义思想作为媒体行为的指导思想，让马克思主义思想占领舆论高地，发挥引领社会思潮的作用，才能真正实现信息技术中融合媒体的健康向上发展，更好地起到舆论引导的作用。

将马克思主义思想作为媒体传播的指导思想，通过媒体平台积极培养受众分辨是非曲直的能力，坚守社会主义理想信念，完善社会主义的品德修养，才能更好地体现社会主义制度的优越性，从而促使传播环境向着积极健康的方向发展。在面对传播中出现的损害国家、社会和人民利益的信息时，用马克思主义理论正确的价值观来指导人民群众的实践活动，可以起到武装头脑的作用，从而预防和抵制负面影响，促进社会的和谐发展。

三、顺应媒体融合进行马克思主义大众化传播能够产生长效社会效益

媒体融合的发展需要以马克思主义大众化为指导，马克思主义大众

化也需要融合的媒体为其提供传播渠道来促进自身的发展。二者都服务于中国社会的改革和发展,统一于建设当代中国特色社会主义的伟大事业中。坚持马克思主义的指导地位是保证将马克思主义基本原理与中国实际结合起来继续推进马克思主义中国化发展的前提。马克思主义坚持实事求是、与时俱进,鼓励理论与实际的结合,因此在我国的社会主义事业发展过程中,坚持马克思主义的指导地位是我们把握方向、站稳立场的保障,也是中国特色社会主义建设事业的基础和保障。

毛泽东在1937年《辩证法唯物论(讲授提纲)》中说过:“由于中国社会进化的落后,中国今日发展着的辩证唯物论哲学思潮,不是从继承和改造自己哲学遗产而来,而是从马克思列宁主义的学习而来。”这是因为,中国长期的封建和半殖民地半封建社会历史背景下,没有直接产生无产阶级先进理论的先决条件,因此,毛泽东思想及之后的中国特色社会主义理论体系都是马克思主义中国化的结果。马克思主义是毛泽东思想和中国特色社会主义理论体系的理论来源是毋庸置疑的。亨利希·鲍威尔(Heinrich Bauer)曾说:“每人每年向10个人宣传,这10个人来自各地,这些思想就传播开了,我们就可以看到遍地开花结果了。”[①]世界很大,个人很小,我们不仅要从个体的角度去看待事物,体验社会,感受世界,更要从更广阔的视角去看待这一切。一旦发现和确立这一个视角,就能体会到社会责任意义的重大。

鲁迅说必须敢于正视,这才可望敢想,敢说,敢作,敢当。[②] 在当今经济、政治全球化和文化、思想多元化的时代条件下,马克思主义大众化是增强中国特色社会主义事业建设发展向心力的重要手段。推进马克思主义思想大众化,可以增强对祖国的认同,对中华民族的认同,对中华文化的认同,对社会主义道路的认同。中华人民共和国是中华民族全体人民共有的国家,国家的富强、民主、文明、和谐、美丽是全国人民共同期望的

---

① 《国际共产主义运动史文献》编辑委员会. 共产主义者同盟文化和资料第一卷[M]. 北京:中国人民大学出版社,1989:138-139.

② 鲁迅. 鲁迅全集第1卷[M]. 北京:人民文学出版社,2005:251.

发展目标,也是国家能够为人民提供更优越生活环境的条件。马克思主义大众化传播是在全球化背景下不断抵御西方意识形态渗透的必要手段和条件。苏联解体的根本原因是苏联共产党背离了马克思主义思想的指导,放弃了社会主义和共产主义的道路和信念,偏离了社会主义意识形态的重要阵地。以此为鉴,我们要巩固社会主义意识形态的阵地,把马克思主义思想灵活运用于中国特色社会主义建设的实践,使马克思主义思想和社会主义意识形态更具有向心力和凝聚力,建设和弘扬社会主义核心价值观,将中国共产党的指导思想生动和通俗地转化为人民群众共同的信念,为中国特色社会主义现代化建设事业提供精神动力,为实现中华民族伟大复兴的中国梦提供不竭的信念支持。

第二章

我国马克思主义大众化传播的传统方式

邓小平曾经说过这样一句话:“对马克思主义的信仰,是中国革命胜利的一种精神动力。”①虽然马克思主义并没有产生于中国内部,但由于其与当时的中国国情契合,能够给水深火热中的中国人民带来精神上的希望和实际运动中的科学指导,马克思主义得以在中国得到认可并广泛传播,在实践中被进一步接受并逐渐成为整个国家居于主流地位的指导思想。马克思主义在中国的成长经历了与各种错误思想在各个领域的斗争,在激烈的思想争锋中,以近代报刊媒体为中介经过数次论战,马克思主义作为革命武器的指导锋芒不断显露出来,得到更广泛的传播,使马克思主义的作用日益凸显成为具有共识性的真理,最终被先进的中国知识分子接受。他们将马克思主义作为探索社会主义实践道路的指导和手段,解读马克思主义经典著作,分析和阐释马克思主义理论,将其转变为群众易于理解和接受的话语表达方式,在自己主动践行马克思主义的同时主动成为传播者将马克思主义传播给更广泛的中国人民。在这个过程中,马克思主义在与中国革命和建设实际的结合中得到创新,形成了与中国国情相匹配和契合的中国化的马克思主义,最终成为我国无论是在革命时期、建设时期还是改革时期都毫不动摇坚持不变的指导思想。

---

① 邓小平文选第三卷[M]. 北京:人民出版社,1993:63.

第一节　马克思主义大众化传播的主要形式和渠道

我国从未放松过对于马克思主义的传播。中华人民共和国成立以后,马克思主义的传播在宣传领域一直居于主导地位,党和国家通过各种形式和渠道进行规模化的马克思主义传播。改革开放以后顺应时代发展,马克思主义大众化传播的形式和渠道较之前的政治性、阶级性刻板传播方式已经有了巨大的转变,形成了当时马克思主义大众化传播的较之前更为有效的传播形式,传统方式下的马克思主义大众化传播更上了一个新的台阶,传播形式和渠道都得到了改进和拓展。

一、常规化的纪念活动

常规化的纪念活动是传统方式下马克思主义大众化传播的重要形式和手段之一。它可以满足国家、社会和人民铭记历史、增强对国家归属感、认同感的需要,加强中国特色社会主义社会体制的感召力,唤起群众的向心力和民族朝气,宣传社会正能量,在精神上升华整体气势和冲劲。我国常规化纪念活动主要有四种类型:一是围绕重大国际、国内历史事件的纪念日,如4月27日中国工农红军井冈山会师纪念日、5月4日中国青年节五四运动纪念日、5月30日“五卅”反帝运动纪念日、7月1日香港回归纪念日、7月7日中国人民抗日战争纪念日、8月15日第二次世界大战对日本抗战胜利纪念日、9月3日中国抗日战争胜利纪念日、9月18日“九一八”事变纪念日(中国国耻日)、10月10日辛亥革命纪念日、10月13日中国少年先锋队成立纪念日、10月16日中国工农红军长征胜利纪念日、11月7日十月社会主义革命纪念日、12月9日“一二·九”运动纪念日、12月12日西安事变纪念日、12月13日南京大屠杀国家公祭日等;二是围绕老一辈无产阶级革命先烈、历史人物的纪念日,如1月7日皖南事变烈士殉难纪念日、3月5日周恩来诞辰纪念日、4月12日“四·一二”

烈士殉难纪念日、4月22日列宁诞辰纪念日、4月27日黄花岗七十二烈士殉难纪念日、5月5日马克思诞辰纪念日、11月12日孙中山诞辰纪念日、12月26日毛泽东诞辰纪念日等。2014年8月31日，十二届全国人大常委会第十次会议经表决以法律形式将9月30日设立为烈士纪念日，并规定每年9月30日国家举行纪念烈士活动；三是重大的节日，如5月1日国际劳动节、7月1日中国共产党诞生日、8月1日中国人民解放军建军节、10月1日国庆节等；四是相关的宣传纪念日以及榜样性人物、事件的评选活动，如3月5日毛泽东发表“向雷锋同志学习”题词纪念日、9月20日公民道德宣传日、全国道德模范评选活动等。

2007年开始举办的全国道德模范评选活动，依托“9·20”公民道德宣传日，成为中国两年一度的道德精神盛宴，对于群众的价值观升华、道德意识的洗礼，都能起到发人深省的作用。再如2015年9月3日在北京天安门广场举行的我国第一个纪念抗日战争胜利七十周年暨世界反法西斯战争胜利七十周年的盛大阅兵式，强盛的军队面貌提振了全国人民的士气，老兵方队出场时，白发苍苍却又神采奕奕、身形佝偻却又高大伟岸的抗战老兵代表们神情庄重而又自豪，从他们被时间镌刻过的脸上看得出他们对共同浴血奋战过的战友的缅怀和思念，对中国由苦难走向繁荣强大的欣慰和激动。这些英雄用他们的青春和热血，为我们拼杀出了今天的和平，浇灌出了今天的辉煌，让祖国从被束缚、被压迫、被欺凌、被奴役的黑暗中解脱出来，站立起来，坚强起来，腾飞起来。他们用生命顶住了侵略者的残暴，撑起了祖国和人民的未来，让那段在我们听来不堪回首的过往真正成了历史的片段。他们没有抱怨，不求回报，只期家国安康。不用多费唇舌，这场纪念活动，便已然从灵魂深处唤起了人们心底对苦难岁月的记忆和对现如今和平生活来之不易的体验。类似的纪念活动，是马克思主义大众化传播传统方式的重要组成部分，且具有影响广泛的成效。

二、规范化的大众传媒

新中国成立后至改革开放前，大众传媒都一直处在严格的监管体制之下,对于马克思主义大众化的宣传集中频繁,广电系统(电视是从1958年开始)、报社、杂志社、出版社都处在严格的体制内管理中,群众接收信息的渠道和平台较为单一,因此大众传媒对马克思主义大众化的传播无论在信息数量上或是内容上都能起到较为有效的作用。人民日报、解放军报和《红旗》杂志"两报一刊"在理论界及整个社会上都占据权威的舆论地位,是引领全国舆论方向的风向标。

1949年8月,中共中央将华北局机关报《人民日报》正式改版为党中央机关报,并在全国范围公开发行;1949年12月,始建于延安的北京新华广播电台正式定名为中央人民广播电台,开始发展人民广播事业;同时,通过没收、改组、审核、停刊、取消等方式对旧社会出版的报纸、刊物、电台及各类通讯社进行分别处理,使其成为党领导下的理论宣传教育阵地。[①] 1950年12月,人民出版社成立,其主要任务是:出版马列著作,毛泽东著作,党和国家的重要文献,以及有关中共党史、党建等方面的著作,同时出版哲学、经济、历史方面的研究著作,并有选择地翻译外国政治书籍和理论著作。[②] 1951年2月,中共中央发出了《关于健全各级宣传机构和加强党的宣传教育工作的指示》,明确指出"我们党是领导着四万万七千五百万人民的党,必须经常向各界人民正确地宣传马克思列宁主义及毛泽东思想和党在目前的各项主张。我们党领导着全国的庞大的报纸网、广播网、出版网、学校网、电影网以及其他各种文化教育工具,必须正确地使用这些工具来服务于国家建设事业"。[③]

掌握报纸广播等舆论工具,健全各级宣传机构,加强党对理论宣传教育工作的统一指导,是推进马克思主义宣传教育工作,加强意识形态建设的一个重要步骤。中华人民共和国成立初期,马克思主义大众化的宣传

① 中共中央党史研究室.中国共产党历史2卷(上册)[M].北京:中共党史出版社,2011:146.

② 肖东波.中国共产党理论建设史(1949—1956)[M].北京:中共党史出版社,2006:117.

③ 中共中央文献研究室.建国以来重要文献选编2册[M].北京:中央文献出版社,1992:75.

偏重于唯物史观的教育,人民日报、《学习》杂志、解放军报都深入参与其中,并开辟了学习讨论专栏,如《学习》杂志刊发的李琪的《从学习历史唯物主义几个问题争论中看我们的学习方法》等相关文章。中央人民广播电台自1950年4月10日起举办社会科学讲座,第一讲就是艾思奇珠江的"历史唯物论——社会发展史"。[①] 中共八大前后,社会主义经济的发展建设问题成为研究与探讨的热点。《光明日报》登载了一系列关于我国当时生产力与生产关系状况的文章,如景元的《我对于目前我国生产关系是否走到生产力的前面的看法》等。[②]

1951年10月12日,《毛泽东选集》第一卷正式出版,第一批总发行量超过60万册,成为当时社会政治生活中的一件大事。1952年4月和1953年4月,《毛泽东选集》第二、第三卷又相继出版。[③] 据统计,从1949年至1954年间,马恩著作翻译出版38种,列宁著作翻译出版43种,斯大林著作翻译出版66种,汇编类著作和学习研究类著作出版总计222种。可以说,这一时期是马列著作在中国翻译出版的第一个高峰时期。之后,《斯大林全集》和《列宁全集》分别于1958年和1959年全部译成中文出版。《马克思恩格斯全集》中文版自1956年第一卷问世以来,也陆续出版。1960年和1962年,中央编译局还编辑出版了《列宁选集》四卷本和《斯大林文选》两卷本。《毛泽东选集》第四卷等毛泽东著作也陆续出版。在经历了"文革"十年浩劫之后,为纠正"左倾"错误思想回归正确的指导思想,各大传播媒体在引导舆论动向中起到了风向标的重要宣传和引领作用。1978年5月10日,中共中央党校内部刊物《理论动态》刊登了由副校长胡耀邦审定,南京大学哲学系教师胡福明起草初稿,中央党校理论研究室吴江、孙长江最后修订完稿的具有伟大历史意义的文章《实践是

① 崔耀中. 中国马克思主义大众化研究历史进程和基本经验[M]. 北京:中国人民大学出版社,2013:157-158.

② 崔耀中. 中国马克思主义大众化研究历史进程和基本经验[M]. 北京:中国人民大学出版社,2013:175.

③ 崔耀中. 中国马克思主义大众化研究历史进程和基本经验[M]. 北京:中国人民大学出版社,2013:164.

检验真理的唯一标准》。5 月 11 日,《光明日报》以“本报特约评论员”的名义将此文公开发表,当天新华社就全文转发。5 月 12 日,《人民日报》、《解放军报》和上海、江苏、河南、福建的 4 家省报同时转载。随后,全国绝大多数省、市、自治区的报纸也予以转载。① 这在全国掀起真理标准大讨论的高潮,形成了最广泛的社会参与,最终促成了全民的思想解放,实现了党的思想路线的重新确立,也成为马克思主义大众化的光辉范例。

改革开放之后,通过积极主动占领各种媒体阵地,马克思主义大众化事业得以进一步推进。在马克思主义宣传教育中,一方面,书报电视等传统媒体阵地得到不断巩固和加强;另一方面,同形势变化相适应,网络等各种新兴媒体被积极运用,马克思主义大众化平台和渠道被大大拓宽,但报纸、书刊和广播电视这类传统媒体依然是人们获取信息的主要渠道,各种传统媒体阵地依旧需要继续巩固和发展。

三、制度化的教育体系

教育领域是马克思主义大众化传播的又一个重要领域。1949 年 12 月 23 日至 31 日,全国第一次教育工作会议在北京召开。会议明确强调,“中华人民共和国的教育是新民主主义的教育,它的主要任务是提高人民文化水平,培养国家建设人才,肃清封建的、买办的、法西斯的思想,发展为人民服务的思想。”②中华人民共和国成立后,在确立马克思主义意识形态指导地位的目标下,理论宣传教育工作被赋予了更多的意义,同执政任务和执政考验紧密联系起来。马克思主义的传播在小学、初中多是以思想品德教育的形式出现,从高中开始在较为正规的政治课程中出现简单的马克思主义政治经济学、哲学和科学社会主义的内容,高校的课程设置更是将马克思主义相关教育设置为制度化必修课程。

中国少年儿童队是中国新民主主义青年团领导下的少年儿童组织,

---

① 崔耀中. 中国马克思主义大众化研究历史进程和基本经验[M]. 北京:中国人民大学出版社,2013:214.

② 马齐彬等. 中国共产党执政四十年[M]. 北京:中共党史出版社,1991:5.

1953 年 8 月 21 日,青年团中央第二次大会上用“中国少年先锋队”代替了“中国少年儿童队”,中国少年先锋队的主要任务是向广大少年儿童进行革命教育,让他们向革命先辈学习,将革命事业继承下去。少年儿童队在对广大少年儿童进行思想政治教育方面也起到了重要作用。各地学校的少年儿童队配合学校,组织学生通过各种方式进行爱国主义和革命教育,效果良好。少年先锋队还为儿童创办了很多队报,如《中国少年报》《中学生》《新少年报》《红领巾》等,深受广大少年儿童喜爱,在对少年儿童进行思想政治教育方面也起到了巨大作用。为了使少年儿童队更好地发挥教育作用,当时各地还设置了辅导员,对辅导员要求很严格,必须是“思想进步、作风良好、真心的热爱儿童的优秀教师或团员”才能担任,新选拔的辅导员还要经过专门培训,要具备领导少年先锋队的专门知识。为了鼓励辅导员能更好地工作,其在少先队的成绩列入考勤内容。辅导员的设置,使少先队的工作得到加强。①

1950 年教育部颁布《中学暂行教学计划(草案)》明确规定:中学各年级都要开设政治课,并且要放在首要位置,每周 2 节,总学时均为 240 学时。1951 年 6 月 23 日教育部发布《关于改定中学政治课名称和教学时数及教材的通知》指出:为了系统地进行思想政治教育,中学政治课改成具体学科;初中三年级改为《中国革命常识》,高中改为《社会科学基本知识》,另外高中三年级开设《共同纲领》。随后,教育部又规定:从初中一年级到高中三年级都要增加开设“时事政策”一课。社会主义改造时期,中国开始学习苏联弱化中小学政治课,思想政治教育主要通过各科进行。到 1957 年,各方面提出了恢复政治课的要求,于是教育部发出通知要求:初高中都要重新开设政治课,教材各地自行编写,教育部统一参考要点;初中一、二年级开设《青年修养》,三年级开设《政治常识》;高中一、二年级开设《社会科学常识》,三年级开设《社会主义建设》。1957 年 8 月 27 日教育部发布通知:为了对学生进行实际的阶级教育,中学和师范

① 刘苏利. 建国十七年我国中小学德育活动初探[D]. 西安:陕西师范大学,2012:19.

学校政治课改为进行以反右派斗争为中心的社会主义思想教育。1958年教育部要求:将“政治课”改为“社会主义教育”,包括报告、辩论、讲授和讨论等。还要求高等和中等学校组织师生学习党的八届八中全会决议及相关文件,开展保卫总路线、反对右倾机会主义的学习和辩论。政治课要配合政治运动讲解建设社会主义总路线和阶级斗争。在“左”倾政治运动的影响下,中小学政治课开始围绕政治运动不断变换内容,使思想政治教育逐渐运动化,思想政治教育课也换成了社会主义教育课。1961 年教育部颁布文件规定:中学政治课包括政治理论常识和思想政治教育报告两个部分;初中一年级和初中二年级选用由人民教育出版社的《道德品质》(试选教材);初三至高二选用人民出版社出版的《中国革命和中国共产党》;初二和初三选用由人民教育出版社出版的《社会发展简史》;高二、高三选用由人民教育出版社出版的《辩证唯物主义常识》。政治课不仅要讲授系统的基本政治知识,还要进行形势任务教育,以及讲解党和政府的重要文件。1964 年又调整了政治课程,中等学校,一方面要学习毛主席著作和时事政策,另一方面新编四种课本:初一和初二使用的《做革命接班人》;初二和初三使用的《社会发展简史》;初三或高一使用的《我国社会主义革命和建设》;高一或高二使用的《辩证唯物主义常识》;另外高三和初三下学期需要学习《毛泽东著作选读》。其他年级也要适当选读毛泽东的文章。[①]

改革开放以来,马克思主义理论教育,特别是马克思主义中国化创新理论的教育,是高校思想政治教育的中心内容,是新时期加强和改进高校思想政治工作的主要任务和根本措施。30 多年来,高校通过多种渠道对大学生进行马克思主义教育,其中思想政治理论课发挥了主渠道和主阵地的作用,在实践中取得了较好的成效。改革开放以来,党中央在指导高校马克思主义教育的同时,针对长期以来高校马克思主义教育仅由党团

---

① 何东昌. 中华人民共和国重要教育文献(1949—1975)[M]. 海口:海南出版社,1998:785.

组织一头抓、仅依托于思想政治理论课的做法,强调各部门都负有教育的职责,各门课程特别是哲学社会科学课程都应该发挥教育的功能,强调全员参与、统筹协调、形成合力。

1984 年 9 月,中宣部、教育部联合颁发《关于加强和改进高等院校马列主义理论教育的若干规定》,指出马克思列宁主义是我们党和国家的行动指南,是培养学生无产阶级世界观和共产主义道德的理论基础,马列主义理论课和学校的日常思想政治工作是相辅相成、缺一不可的有机整体。进入新世纪, 2004 年 8 月,中共中央、国务院联合发出《关于进一步加强和改进大学生思想政治教育的意见》。创造出大量新鲜做法和经验,如校园网络、学生理论社团、学生红色社团等,都在新形势下的大学生思想政治教育中发挥了独特的作用。马克思主义教育日益融合到各个部门的工作和各门课程的教学之中,融合到大学生的自我学习和自我教育之中,教育的时效性显著提高。

从 1977 年至 1998 年,思想政治理论课的设置大体是围绕着马克思主义理论课与思想品德课(即"两课")展开的。其中,马克思主义理论课程包括"马克思主义原理""中国革命史""中国社会主义建设""世界政治经济与国际关系"(文科开设),思想品德课程包括"法律基础""大学生思想修养""人生哲理""职业道德"。这就是改革开放新时期影响长达十余年的"85 方案"。1994 年,中央召开了第一次全国教育工作会议,为贯彻落实此次会议精神,国家教委于 1995 年 10 月下发了《关于高校马克思主义理论课和思想品德课教学改革的若干意见》,于 1995 年 11 月颁布了《中国普通高等学校德育大纲(试行)》。《若干意见》提出要适应新形势对"两课"进行改革,改革的重点是以邓小平建设有中国特色社会主义理论为中心内容,进一步加强马克思主义教育。《若干意见》对 1985 年以来高校马克思主义理论课和思想品德课的改革做了认真总结,第一次明确将高校马克思主义理论课和思想品德课简称为"两课",并首次对"两课"设置做了统一的规定。1998 年 6 月,中宣部、教育部印发了《关于普通高等学校"两课"课程设置的规定及其实施工作的意见》的通知,规定二年制专科院校开设“马克思主义哲学原理”和“邓小平理论概论”两门课程；三年制专科开设“马克思主义哲学原理”“毛泽东思想概论”和“邓小平理论概论”三门课程；四年制本科开设“马克思主义哲学原理”“马克思主义政治经济学原理”“毛泽东思想概论”“邓小平理论概论”和“当代世界经济与政治”（文科类）5门马克思主义理论课，同时开设“思想道德修养”和“法律基础”两门思想品德课。经外，还规定，各层次各科类学生都要开设“形势与政策”课。这就是思想政治理论课改革进程中的“98方案”。“98方案”的最大特点是，体现了马克思列宁主义、毛泽东思想、邓小平理论一脉相承而又与时俱进的关系。2005年2月7日，中宣部、教育部联合下发《关于进一步加强和改进高等学校思想政治理论课的意见》。该《意见》明确规定四年制本科的课程设置为：“马克思主义基本原理”“毛泽东思想、邓小平理论和‘三个代表’重要思想概论”“中国近现代史纲要”“思想道德修养与法律基础”4门必修课（其中“毛泽东思想、邓小平理论和‘三个代表’重要思想概论”于2008年秋季学期课程名称调整为“毛泽东思想和中国特色社会主义理论本系概论”）；同时，开设“形势与政策”课。另外，开设“当代世界经济与政治”等选修课。这就是现在实施的“05方案”。纵观改革开放以来思想政治理论课程的沿革，我们可以看出，几乎每一个课程体系都以马克思主义理论教育作为核心内容。其一，重视马克思主义基础理论。课程都强调了对马克思主义基本原理，以及蕴含于基本原理之中的马克思主义立场、观点和方法的学习和掌握。这些既是对大学生进行科学的世界观教育的基本内容，也是大学生学习和掌握马克思主义中国化的历史与现实的理论基础。其二，始终以发展的马克思主义，即中国化的马克思主义理论教育为中心。突出了马克思主义科学世界观的时代性和现实性，进一步说明了马克思主义与时俱进的理论品质。[1]

---

① 崔耀中．中国马克思主义大众化研究历史进程和基本经验［M］．北京：中国人民大学出版社，2013：305－314.

第二节 马克思主义大众化传播方式的成功经验

学界在相关马克思主义大众化传播的经验方面，基本达成了如下共识：其一，要赋予马克思主义中国化或民族化的特色，要按照中华民族自身的特点和时代特征来运用、实践、发展和创新马克思主义；其二，要在研究和回答重大现实问题中推进马克思主义，马克思主义大众化要针对在我国的建设实践中所遇到的重大的刻不容缓的理论和现实问题，做出合情合理、科学理性且令人信服的解释和解决，这样才能有效地促进我国的马克思主义大众化；其三，抽象理论需要使用更加通俗化的形式来进行表达，因为马克思主义理论体系研究的对象宏大、复杂而深邃，从其学术性上来说是抽象的、综合的且艰深的，具有高度的概括性。大众化就要依据群体的认知能力和接受方式进行话语转换，因此，马克思主义大众化就是要把这些理论用老百姓喜闻乐见的形式表达出来；其四，要尊重人民群众的主体地位，一种理论能否被广泛接受，能被怎么样的群体和个人接纳，首先要看该理论与接受者之间的需求是否充足，理论是否能够满足接受群体的要求，马克思主义大众化成功的关键在于理论最大限度地维护和表达人民群众的根本利益，追求和实现人的全面发展。① 另外，马克思主义大众化要想实现顺畅传播，还需要有“六进入”，即进入学科、进入教材、进入课堂、进入大众文化形式、进入大众传媒阵地以及进入群众思想。②

一、马克思主义中国化是马克思主义大众化的前提

马克思主义只有与中国具体特点相结合才能实现其大众化的推进，

① 李春会．传播视域下的马克思主义大众化[M]．北京：人民出版社，2013：6.

② 何怀远．关于推进当代中国马克思主义大众化的几个问题[J]．南京政治学院学报，2008(3)：15－18.

因此必须体现民族性与民族文化相结合的中国化特色，立足中国革命和建设实际来认识、应用和发展马克思主义，在推进马克思主义中国化时代化中推进大众化，是我们党推进革命和建设实践、认识和发展马克思主义的宝贵经验。在新民主主义革命时期，我们党把马克思列宁主义的基本原理与中国革命具体实践和时代特征相结合，大力推进马克思主义中国化和时代化，坚持站在马克思主义的立场、观点和方法研究、回答和解决中国革命的一系列重大问题，提出了完整系统的新民主主义理论，创立了毛泽东思想，实现了马克思主义与中国具体实践和时代特征相结合的第一次历史性飞跃，把马克思主义发展、推进到一个新阶段，为当代中国一切发展进步奠定了根本政治前提和制度基础。在社会主义革命和建设时期特别是改革开放以来，我们党既坚持马克思主义基本原理，又根据我国实际和时代特征赋予其鲜明的中国特色，研究新情况，回答新问题，解决新矛盾，开辟了中国特色社会主义道路，形成了中国特色社会主义理论体系，实现了马克思主义与中国具体实践和时代特征相结合的第二次历史性飞跃，有力丰富和发展了马克思主义。

2017 年 10 月 18 日在中国共产党第十九次全国代表大会上，习近平总书记首次提出“新时代中国特色社会主义思想”。十八大以来，以习近平同志为主要代表的中国共产党人，顺应时代发展，从理论和实践结合上系统回答了新时代坚持和发展什么样的中国特色社会主义、怎样坚持和发展中国特色社会主义这个重大时代课题，创立了习近平新时代中国特色社会主义思想。习近平新时代中国特色社会主义思想是对马克思列宁主义、毛泽东思想、邓小平理论、“三个代表”重要思想、科学发展观的继承和发展，是马克思主义中国化最新成果，是党和人民实践经验和集体智慧的结晶，是中国特色社会主义理论体系的重要组成部分，是全党全国人民为实现中华民族伟大复兴而奋斗的行动指南。①

中国这片古老的土地经过几千年绵延不绝的历史进程，形成了自己

---

① 《中国共产党章程》[M]. 北京：人民出版社，2017：5－6.

独具个性的博大精深的传统文化，中华民族从中国传统文化中汲取营养、繁衍生息，也成就了今天中华儿女在和谐中奋发进取的精神，马克思主义思想与中国具体实践相结合体现了当今中国社会发展中继承下来的集体主义精神和和谐发展精神。这些与中华民族血液相融的优秀传统精神也会继续扎根于当代中国人民的脑中、心中、行动中，继续作为中国发展的强大精神动力，影响并促进中国在中国特色社会主义道路上走得更加平稳和顺畅。马克思主义中国化、时代化和大众化是马克思主义指导中国改革的实践要求，三者相互促进。

二、共产党的领导是马克思主义大众化的根本保证

马克思主义是我国占绝对主流地位的意识形态，党的领导是马克思主义大众化的根本保证。中国共产党是中国社会主义事业的领导核心，在其实践中形成了诸多关于加强意识形态领导权的精辟思想，在推进马克思主义大众化的历史进程中充分发挥了领导作用，是马克思主义大众化的领导主体。毛泽东指出："掌握思想领导是掌握一切领导的第一位。"①

新时代条件下，就对马克思主义本身的冲击而言，新科技革命以后的阶级结构和社会环境与马克思主义创始人所面对的阶级状况与社会环境相比有了深刻的变化，出现了大量的新问题。开放的社会环境使我们的社会主义现代化建设面临着更多的错综复杂的思潮和观点的挑战，这一挑战更具干扰性，意识形态领域斗争的任务更加艰巨。这必然对马克思主义提出了新的认识要求，也使得对马克思主义的解读变得多样化，打着研究和发展马克思主义旗号的各种非马克思主义甚至反马克思主义的社会思潮也有了大量可以依附的内容和载体。在全球化加速发展的环境里，一些西方国家把中国的发展壮大视为对其价值观和制度模式的挑战，出于自身的政治需要，除正常的文化交流外更有意识地利用各种渠道和

① 毛泽东选集2卷[M]. 第2版. 北京：人民出版社，1991：435.

方式将不利于我国社会主义建设的思潮传入我国,加紧思想渗透,使得各种思潮在中国得以传播。这些思潮不可避免地同中国传统思想文化和主流意识形态发生碰撞和冲击。在这种情况下,中国共产党领导的中流砥柱作用发挥了强大效用。十九大报告中指出,要"坚持和加强党的全面领导,坚持党要管党、全面从严治党,以加强党的长期执政能力建设……不断提高党的建设质量,把党建设成为始终走在时代前列、人民衷心拥护、勇于自我革命、经得起各种风浪考验、朝气蓬勃的马克思主义执政党。"①我们党充分意识到一个政权的瓦解往往是从思想领域开始的,思想防线被攻破了,其他防线就很难守住。政治动荡、政权更迭可能在一夜之间发生。但思想演化是个长期过程,因此在集中精力进行经济建设的同时必须严格抓管意识形态领域工作的领导权、管控权和话语权,增强阵地意识和导向意识,运用马克思主义的立场、观点和方法,不仅要做好因势利导,更要加强把关、揭露和警示,通过各种渠道和方式对各种错误思潮和思想坚决抵制和肃清,保持中国马克思主义主流意识形态的地位。

三、广大人民群众是马克思主义大众化的传播对象

马克思说过:"理论只要说服人,就能掌握群众;而理论只要彻底,就能说服人。所谓彻底,就是抓住事物的根本。但是,人的根本就是人本身。"②

人民群众就是马克思主义大众化的对象和根本。离开人民群众的现实生产生活进行马克思主义大众化,既难收到好的效果,也背离了马克思主义理论目的的本意。紧密结合人民群众生产生活中的实际问题,为人民群众排忧解难,做人民群众的贴心人,把党的温暖和关怀送到广大人民群众的心坎里,是我们党开展马克思主义宣传、普及和教育的优良传统。马克思主义不是抽象、空洞的说教,而是行动的指南。而马克思主义的指

① 习近平. 决胜全面建成小康社会 夺取新时代中国特色社会主义伟大胜利——在中国共产党第十九次全国代表大会上的报告[M]. 北京:人民出版社,2017:62.

② 马克思恩格斯选集1卷[M]. 第2版. 北京:人民出版社,1995:9.

导作用也就在于它对现实生产生活的指导。因此,在进行马克思主义大众化传播的实践中,要想更好地缩短和消除理论与普通大众之间的距离,说服群众,为群众所掌握,真正发挥马克思主义对广大人民群众生产生活实践的指导作用,就必须与广大人民群众生产生活实践紧密结合,着力回答和解决他们最关心的实际问题,始终把最广大人民的需求和根本利益作为理论宣传工作的出发点,让群众切实感受到马克思主义是大众的理论,是为大众服务的,在实践中积极自觉地推进马克思主义大众化的进程。毛泽东就曾指出:“我们说的马克思主义,是要在群众生活群众斗争里实际发生作用的活的马克思主义,不是口头上的马克思主义”,“要联系群众,就要按照群众的需要和自愿。一切为群众的工作都要从群众的需要出发,而不是从任何良好的个人愿望出发。”①

回顾历史可以看到,我们党在近百年的发展历程中,无论是在革命战争年代还是在社会主义的建设与改革时期,都切实有效地做到了在向广大人民群众宣传马克思主义以及党的路线方针政策时与解决群众实际问题的有机结合,并取得了很好的效果。例如,早在新民主主义革命时期,我们党在向老百姓宣传马克思主义和党的政策主张时,就是从紧密结合解决广大农民群众生存的最根本问题——土地问题入手,努力实现“耕者有其田”,从而赢得了广大农民的支持和拥护,走出了一条农村包围城市、武装夺取政权的道路。在努力实现科学发展、构建社会主义和谐社会的新阶段,我们党比以往更加重视党的理论政策宣传与解决人民群众生产生活实际问题的有机结合,陆续推出和实施了免除农业税、提高职工养老保险待遇、减轻中小企业负担、缩小城乡发展差距等政策措施,给广大人民群众带来了看得见摸得着的实惠和利益,使他们真切地感受到了马克思主义以及党的路线方针政策在解决其生产生活实际问题过程中的重要作用,有力地拓展和增强了马克思主义在广大人民群众中的信服度与影响力。

---

① 毛泽东选集3卷[M]. 第2版. 北京:人民出版社,1991:1012.

在马克思主义大众化传播中，每个受众的生活环境、文化程度、思想觉悟等情况都各有区别，且随着实践的发展和时代的变化，人们的思想状况和理论需求也在随时变化，因此需要具体了解他们的情况，抓住“事物的根本”，分层次、有针对性地开展马克思主义大众化传播实践，同一时期不同人群的思想有差异，不同时期人们关注的问题也不同。马克思主义大众化传播要针对人民群众主体的不同特点来开展才能实现有效传播。

四、群众路线是马克思主义大众化的根本方法

马克思关于人民群众是历史创造者的原理是群众路线的理论基础，这一路线是我们党根本的政治和组织路线，也是宣传思想文化工作的根本指导方针。群众路线要贯彻于推进马克思主义大众化过程的始终。

马克思主义大众化传播本质上就是从事群众工作，担负着宣传、动员和服务群众的庄严使命。作为最广大人民根本利益代表的中国共产党人始终重视对人民群众的马克思主义宣传教育，密切联系群众，坚持群众路线是我们党实现革命、建设和改革事业胜利的法宝。毛泽东曾强调指出：“我们共产党人区别于其他任何政党的又一个显著的标志，就是和最广大的人民群众取得最密切的联系。”[①]密切联系群众是我们党立于不败之地的根基，做好群众工作和马克思主义大众化传播两者互为条件。

现在有一种现象，叫作“和新社会阶层谈话谈不上去，和老干部谈话被顶了回去，和基层群众谈话深不下去，和年轻人谈话听不下去”。这段话的指向就是在实际的宣传工作中没有把握好群众路线。把人民群众的利益和要求作为马克思主义大众化传播的根本出发点和立足点，汇集群众的声音，重视群众的呼声和要求，使群众感到党和政府维护群众利益关心群众疾苦的诚意重要且必要。马克思主义大众化的过程，本质上是把解决思想问题同解决实际问题结合起来，站稳群众立场、满足群众需求的

① 毛泽东选集 3 卷[M]. 第 2 版. 北京：人民出版社，1991：1094.

过程。要在坚持和贯彻群众路线中实现马克思主义大众化的目的，深入群众，做好调查研究工作，从全局掌握群众的思想动态和理论需求。“第一是眼睛向下，不要只是昂首望天。没有眼睛向下的兴趣和决心，是一辈子也不会真正懂得中国的事情的。”①通过解决实际问题促进马克思主义大众化传播，既能够满足群众多层次的精神文化需求，为群众提供健康向上的理论文化产品和服务，又能促进群众的全面发展，让群众真心诚意拥护党的路线，积极投身于社会主义建设事业。

马克思主义大众化工作要提高科学性和有效性，要坚持把群众满意作为检验传播效果的第一标准。党的理论宣传工作者来自群众，理应尊重群众，走过场、搞花架子要不得，要做好工作就必须深入改革前沿，深入群众生产生活一线，冷暖相知，才能够做到情感投入。要以群众为根本，用易为群众接受的方式传播马克思主义。马克思主义大众化就是要使群众认识到自己的利益并团结起来为自己的利益而奋斗。只有把思想理论宣传同实现人民群众的切身利益结合起来，才会得到群众的认可和接受。

五、不断创新是马克思主义大众化的生命力所在

马克思主义大众化，即是用通俗易懂的形式和方法对广大人民群众进行马克思主义的普及、宣传、教育，力求把外在的理论内化为人民群众的思想观念，使人民群众学习和运用马克思主义。这就要求马克思主义必须随实践的发展而不断丰富和创新理论，始终保持自身的真理性以指导实践。马克思主义不是形而上的教条，而是与时俱进的行动指南，马克思主义的运用必须以当时当地的具体条件为依据。这既是时代的要求，也是马克思主义本质属性的集中反映。

人类思想发展的历史表明，任何理论都不能脱离实践禁锢和封闭起来，否则就会在社会和历史的发展进步中被淘汰。这告诉我们，要坚持马克思主义的指导地位，必须依据实践的发展，在坚持马克思主义基本立

① 毛泽东选集3卷[M]. 第2版. 北京：人民出版社，1991：789－790.

场、观点、方法的基础上,不断进行理论创新。社会主义建设和广大人民群众的实践在丰富和发展,无产阶级政党必须善于抓住和顺应历史发展的趋势,创新和发展马克思主义理论,使之反映时代发展的新要求,拓展理论新视野。坚持用创新的、发展的马克思主义武装全党、教育群众,不仅要使人民群众掌握科学理论,也要不断从群众实践中汲取经验和智慧。推进理论创新体现的是马克思主义随实践发展而发展,从而在根本上提高马克思主义的吸引力,增强马克思主义的说服力,保持马克思主义的生命力,这也是马克思主义大众化的必然选择。中国共产党不仅领导中国人民在革命、建设和改革的实践中取得了丰功伟绩,更十分重视在马克思主义大众化的过程中坚持理论创新。马克思主义同中国实际相结合实现的两次历史性飞跃,形成的毛泽东思想和中国特色社会主义理论体系这两大理论成果就是我们党从实际出发进行理论创新,把马克思主义中国化不断引向深入的创新成果。我们党还努力把这些理论成果宣传普及给广大人民群众,中国革命的成功和当代中国的发展,都离不开这些理论成果的积极作用。马克思主义大众化是马克思主义理论创新的最终归宿,在理论创新中要坚持把最广大人民的实践作为源泉,以实现最广大人民的利益为目的。当前,我国各族人民的共同理想,就是中国特色社会主义共同理想,就是决胜全面建成小康社会,争取新时代中国特色社会主义伟大胜利,实现中华民族伟大复兴的中国梦,实现人民对美好生活的向往。

中国特色社会主义理论体系是马克思列宁主义、毛泽东思想在当代中国发展的新阶段,作为当代中国的马克思主义,体现的是改革开放历史新时期我们党对马克思主义理论与中国现实相结合的创新成果。在当代中国,坚持中国特色社会主义理论体系就是真正坚持马克思主义。

第三节 马克思主义大众化传播方式的局限

传统方式下的马克思主义大众化传播初期成效很强,但时代背景从工具的目标维度导向转向人本的价值关怀后，马克思主义大众化传播的传统方式逐渐显现出受制感和局限性。工具性传播模式，强调达到目标的手段，由于历史等各方面原因，马克思主义曾经在一段时期内在抽象层面上被抬到了不容置疑的地位，并没有被当成一种允许自由思考和发散探讨的思想理论，这种方式阻碍了国家和人民群众对马克思主义的需要性，违背了理论传播发展创新的历史性，更忽视了人民群众对理论的全面性需要，形成了长期以来在人们心理上对政治意识形态灌输的抵触情绪，使得民众在"大众化"过程中存在着有意无意地淡化政治、疏离政治的情感倾向，使马克思主义大众化一度受到误解和扭曲。随着国家由战争革命时期转向和平建设改革时期，马克思主义宣传若仍旧被视为和当作政治斗争的工具和手段，必将使马克思主义在群众中和社会上的形象遭到破坏，扰乱群众的思维，破坏科学的理论精神，影响人们树立对马克思主义的信仰，消解真正的马克思主义的指导地位，扭曲马克思主义的发展。真正的马克思主义绝不能排斥人的本性和价值关怀。

马克思主义传播的传统方式是以列宁提出的"灌输论"为核心构建起来的，在全球化、现代化和网络化深入发展的境遇中，在社会主义市场经济深入发展的现代社会中，"灌输论"的价值是不能否定的。但是，长期以来我们对"灌输论"做了简单化、片面化、形式化的理解，弱化了马克思主义理论的价值蕴含，冲淡了马克思主义的真理魅力，从而致使马克思主义传播的实效性大打折扣，出现了群众误解情况下的所谓的马克思主义信仰危机。这在一定程度上是马克思主义理论传播滞后于时代发展所致。

一、形而上理想目标导向的教条性明显

传统的马克思主义大众化传播以显性传播为主，重精神作用，轻物质影响，进行纯粹的理论性教育。在大多数人眼中，马克思主义文本多半有着教条的、理论性过强的、空洞的特点。在170年的历史演变中，一部分例证和背景已经不适用于当今社会的现实背景，而当时的文本话语却在

当今社会继续沿用,这就势必造成马克思主义文本与大众接受力之间的分离。长期以来,我们所传播的马克思主义文本话语过分注重意识形态的方向性,疏离了生活世界,脱离了时代感和生动性,存在过度理想化倾向。通常在媒介传播的马克思主义文本话语中,一贯树立高大完美、无可挑剔的榜样形象,少数先进优秀分子的高标准力求普遍化为全体人民的行事准则。尽管理想化的马克思主义话语无比正确,但由于它脱离了受众的实际而让人难以企及,因此在人们现实生活中收效甚微。尤以"文革"期间的表现为典型。

从 1957 年开始,马列主义、毛泽东著作学习中的反修防修因素逐渐成为学理论的主旨。而伴随着这个错误主旨的又是对毛泽东个人崇拜的不断发展。这样,对马列主义、毛泽东著作的学习在促进马克思主义教育和普及,提高党员干部和广大群众的马克思主义水平的同时,也就出现了功利性、教条化和形式化、庸俗化问题。1963 年在全国展开的以"四清""五反"为主要内容的社会主义教育运动是一场以阶级斗争扩大化为主旨的政治运动,直接目的就是反修防修,把学习毛泽东著作作为运动的一个重要内容和推进手段加以强调。林彪等人为了捞取自己的政治资本,推出"活学活用,学用结合,急用先学,立竿见影"式的学习和要求,主张形式主义和实用主义,使得马克思主义简单化、庸俗化之风蔓延。从学习马列著作到学毛主席著作、学"老三篇"、学几段语录,越学越窄,联系实际也开始出现庸俗化、简单化的实用主义倾向,出现了社会强制、形式主义等问题。"文革"的爆发是 20 世纪 50 年代后期"左"的错误走向极端的结果,也是马克思主义中国化、中国社会主义建设探索的大挫折、大失误时期。"文革"前已出现的马列主义、毛泽东思想宣传教育的庸俗化、教条化至此也发展到了极致。"文化大革命"是逐渐偏离并最终背离马克思主义基本原理、严重脱离中国国情的产物。[①] 林彪有意识地搞对毛

---

① 崔耀中. 中国马克思主义大众化研究历史进程和基本经验[M]. 北京:中国人民大学出版社,2013:195 - 196.

泽东的个人崇拜,“我们学习马列主义……主要学习毛泽东著作,这是捷径。……我们学习毛泽东同志的著作容易学,学了马上可以用,好好学习,是一本万利的事情。”“背上那么几十句就差不多了。”“读毛主席的书,听毛主席的话,照毛主席的指示办事,做毛主席的好战士”等口号,将学习毛泽东思想的浪潮越推越高。《毛主席语录》的有目的推行并风行更加剧了本来已经存在的迷信和教条化毛泽东思想的问题。[①] “造神”运动给马克思主义大众化带来极为严重的后果,意味着对马克思与时俱进理论品格的违背以及马克思主义中国化进程的停滞,只是教条化地灌输经典著作中的某些论断和片言只语,必然致使整个理论的科学性被践踏。这一错误使中华民族付出了巨大的历史代价。

当社会开始转向和平建设的时候,“封建社会”“阶级斗争”等曾经激起了无数民众革命热情的宏大叙事及其话语形式逐渐淡出人们的日常生活。虽然在我国学校教育体系和思想文化传播领域对这种旧的宏大叙事结构进行了改造,正在尝试构建新的体系,对马克思主义理论的理解和阐释也取得了巨大的进步和提高,但是马克思主义传播实践领域仍然没有完全摆脱这种宏大叙事的基本框架和逻辑结构,旧的话语体系尚未终结,新的话语体系还未形成,大众对叙事宏大的马克思主义缺乏一定情感上的认同,就成为我们面临的最大挑战。“空讲社会主义不行,人民不相信。”[②]有一些党员干部喜欢借用马克思主义中的宏大叙事来粉饰和抬高自己,这极大地降低了大众对马克思主义的情感认同。诚如利奥塔所说,后现代的特征就是对启蒙运动现代性所预设的“宏大叙事”或元叙事的彻底怀疑和摒弃。前现代社会那种“元叙事”已经彻底解体了,对于今天的社会文化语境已经不再具有阐释和分析上的有效性。[③]

---

① 崔耀中. 中国马克思主义大众化研究历史进程和基本经验[M]. 北京:中国人民大学出版社,2013:200.

② 邓小平文选第二卷[M]. 北京:人民出版社,1994:314.

③ [法]让·弗朗索瓦·奥利塔. 后现代状况:关于知识的报告[M]. 车槿山译. 上海:生活·读书·新知三联书店,1997:1-2,98.

二、以单一集中传播为主要方式

(一)马克思主义大众化传播向度上的单向化

随着社会的发展,人们生活方式、思维方式的进步,传播的过程也逐渐发生着变化,由以单向传播为主日益向以社会整体条件为大背景,考虑受众的主体性、能动性的双向传播和互动转变。但在这种趋势下,马克思主义大众化传播却依然以单向传播为主。主要实行从上而下的纵向传播,渠道较为单一,更缺少传播后的反馈机制。这种较早期的传播模式是以受众为枪靶,进行简单的、泄洪式的灌输,于灌输后对受众的调查反馈环节上薄弱。殊不知,现在的受众已经不再是早期受众,他们身处开放的社会信息环境,接受着大量新鲜另类的思想观念,有自身独特的思维方式和见解。填塞式的传播方式不仅对他们很少起到作用,甚至有可能引发他们的反感、抵触或嗤之以鼻。对于马克思主义大众化传播者来说,现代的受众即使被迫要当传播者的“靶子”,也已经变异成了身穿防弹衣的靶子,不是那么容易被射穿了。虽然近些年来,致力于马克思主义大众化传播的媒体也在努力尝试突破单向传播的桎梏,但很多情况下依旧流于浮表和形式,效果却并不显著。

(二)马克思主义大众化传播形式上的程式化

首先,其程式化体现在马克思主义大众化传播的主体较为固化。在人们的印象中马克思主义大众化基本上就是各级各单位的宣传部门、新闻出版、广电局、高校、科研院所通过广播、电视、报纸、杂志等传统大众媒体,再就是高校思想政治理论课和一些马克思主义理论的专门网站在进行传播。

注重传播过程的形式大于注重传播效果。载体上的集中——体现在专题网站建设、专题书籍出版上,对于网络等新兴媒体的分散传播应用有失灵活,过于集中。时间上的集中——某段时间内集中传播某个主题。内容上的集中——设置专题人物、专题节目、专题板块。通过这种方式接受马克思主义大众化传播的受众,大都是具有主体自觉性的、愿意主动接受马克思主义大众化信息的受众,而另外一部分没有主动接受意愿的人群则不会去选择接收这些信息。这种集中传播的形式,在现代信息传播环境中,会造成马克思主义大众化传播目标受众的剥离和流失,即最需要接受马克思主义大众化传播的那部分人群主动避开马克思主义大众化信息,致使马克思主义大众化传播依然只在小范围受众中进行,普及的效果大打折扣。

其次,传播形式上的程式化还体现在传播的方式上。马克思主义大众化传播,包括媒体融合趋势出现之后,大都是以集中传播为主,主题性较强。虽然近些年来主流媒体也已做过许多新的尝试,但总体上还是摆脱不了说教的影子。无论形式怎样,总会有“唱高调、遵教条”的突兀感,让受众不能进入情境,使得由外化向内化的转化过程变得艰难。传播形式的陈旧是阻碍马克思主义大众化传播的一大障碍。在传播形式因循守旧的框框中,若不能以新鲜的形式抓住受众的注意力,即便内容非常精彩,马克思主义大众化传播也有流于徒劳的危险。今天,媒体融合趋势下,无论是媒体交融还是受众交叉,都预示着行业区隔的打破,渗透式、全方位式、全员化成为新传播的特点。

(三)马克思主义大众化传播内容上的教条化

在传统的马克思主义大众化传播中,由于传播者自身的理论限制,经常会走上教条化的误区,以本本为上,以成熟的理论、公认的道理为上。我们必须认清,制造会背诵马克思主义理论原理的刻板学生,让群众去背理论,不是马克思主义大众化的目的。马克思主义大众化的目的主要是培养能理解、运用马克思主义精神的忠诚群众,让群众体会到、认识到、理解到、感受到、领悟到马克思主义理论的正确性和指导性,使群众能够自觉自愿地在实际生活中主动积极地践行和遵循马克思主义的要求。知行脱节、知行分离,只知理论、不付诸行动是马克思主义大众化大忌,出现这样结果的马克思主义大众化传播就是失败的。列宁在《青年团的任务》中说过:“我们不需要死记硬背,但是我们需要用对基本事实的了解来发展和增进每个学习者的思考力,……不仅应该掌握知识,而且应该用批判的态度来掌握这些知识,不是用一堆无用的垃圾来充塞自己的头脑,而是用对一切事实的了解来丰富自己的头脑,……如果一个共产主义者不下一番极认真、极艰苦而巨大的功夫,不弄清他必须用批判的态度来对待的事实,变相根据自己学到的共产主义的现成结论来炫耀一番,这样的共产主义者是很可悲的。这种不求甚解的态度是极端有害的。”①马克思主义不仅仅是学问、是理论,更是人民群众实践经验的总结,是在实践中不断发展的。它是人们认识世界、改造世界的强大思想武器,是以人民群众为出发点和最终目的的。只有为群众所普遍接受和理解,才能在最大程度上体现马克思主义理论的实践意义和功用。

---

① 列宁. 青年团的任务(1920 年 10 月 2 日在俄国共产主义青年团第三次代表大会上的讲话)[OL]. http://www.360doc.com/content/13/1216/09/12886702_337510391.shtml.

第三章

媒体融合给我国马克思主义大众化传播环境带来的改变

马克思认为，人创造环境，环境也创造人。人类使传播发展到媒体融合这个阶段，媒体融合的环境也必定反过来对人类社会本身产生重大的影响和改变。

网络的兴起使传统媒体有了更广阔的传播平台。以网络为基础的新兴媒体既是媒体，又是媒体的工具；既是信息，又是承载信息的载体。"媒体融合"是信息传输通道多元化运作下的新模式，是信息时代一种媒介发展新理念。信息时代媒体传播的作用和功能很关键，新媒体的时效性和广泛性优于传统媒体，同时传统媒体的权威性地位也非新兴媒体所能取代。而对于马克思主义大众化传播来说，传统媒体与新兴媒体二者之间实现彼此融合，可以更充分地实现以传统媒体为引领，利用新媒体覆盖范围大、传播速度快的优势，使主流思想战线更加壮大，强化马克思主义大众化传播的效果。

麦克卢汉在《媒介即讯息》一书中特别强调了媒介传递的真正"讯息"是它本身对受众的刺激与按摩，而不是它所传递的内容。也就是说，一种新的传播媒介一旦出现，这种媒介本身，而不是它所传递的具体内容，就会给人类社会带来某种信息，引起社会的某种变革。[①] 媒体融合产

---

① 胡正荣．传播学总论[M]．北京：中国传媒大学出版社，1997：239.

生的变化,绝不仅仅是载体媒介的变化那么简单,更深层次上是媒体融合带来了人们生活方式、思维方式的变化。马克思主义大众化传播要针对这些变化来调整自身的传播方向,而不仅仅是将马克思主义的理论机械地塞进各种新增的传播载体上。长久以来,中国对互联网的认识和重视普遍停留在媒体和舆论层面,目睹到它作为一种新型媒体和舆论平台所爆发出来的"舆论井喷"现象。但是它的影响已经逐渐从媒体、舆论和意识形态领域溢出,并渗透到社会管理、动员组织、公共服务、立法司法、商业金融等国家政治、社会生活的方方面面和执政的各个环节,甚至可以说,整个社会主要机体基本的联系、运行,甚至于存在方式都逐渐开始以一种网络化的方式进行。

第一节　媒体融合使传播渠道和空间得到了拓展

传播有两类构成要素,一是基本要素:信源、信宿、信息、媒介、信道、反馈;二是隐含要素:时空环境、心理因素、文化背景和信息质量。媒体融合给传播环境带来的最直观的影响,就是传播渠道和传播空间得到了前所未有的延伸和拓展。大众传播媒介是推进主流价值观建设的重要载体。高度发达的大众传播媒介是现代社会的主要标志之一,也是现代社会人们获取信息知识的渠道。传播媒介像一座桥梁,沟通了传播者与受传者的思想观念。

一、传播渠道由单一化向多元化转变

"所谓传播,即是指社会信息的传递或社会信息系统的运行。"[1]传播渠道的变化,使得媒体在马克思主义大众化传播中可借助利用的载体也增多了。由于网络信息技术的进步,信息传播的平台和渠道得到极大拓

① 郭庆光. 传播学教程[M]. 北京:中国人民大学出版社,1999:5.

展。以网络技术为依托,不仅有传统媒体继续通过三次元的渠道进行传播,通过互联网、自媒体终端的传播更是覆盖到了传统渠道不可比拟的受众群体。以新华社的传播为例,传统模式下,新华社作为一个具有单一主体功能的通讯社而存在,其主要功能是采访及发稿。随着媒体融合进程的发展,其传播领域逐渐拓展,在通讯社的基本职能的基础上开设了新华网,不仅可以用文字、图片,更可以用语音、视频等模式更丰富地体现想要传达的信息。另外,2015 年6 月 8 日上线的新华社客户端,更是拉近了新闻与受众的距离。媒体融合发展使传播渠道呈现出更多的多元化性质。但不论通过何种渠道进行传播,马克思主义的传播只要不改变刻板的内容和形式,就还只是新瓶装旧药,受众也不会因为它通过更多渠道进行了扩散而对它有态度上的改观和心理上的接受。

二、传播向度由单向传播向交叉传播转变

传统的传播多数以单向传播模式为主,强调传播者的“把关人”角色,从某些方面反映了大众传播媒介尤其是电视媒介所含有的单向传播的特点,但它将复杂的人类传播简单化,忽略了受众反馈活动的存在和社会因素的复杂性,导致若干研究上的偏见。双向传播模式这种双向的关系是建立在反馈机制上的,传播模式研究开始突破单向线性模式的局限,逐步转向注重信息反馈,注重传播效果,注重受众地位。

在媒体融合背景下,受众虽然处于传播过程的终端,是传播信息的最终接受者。但是,他们的活动从来都不是强迫和被动进行的,相反,是自觉自愿和积极主动进行的。受众在传播过程中的作用不是盲从的,而是自主的。受众不是大众传播灌输和征服的对象,而是积极的建设性合作者;不是消极被动的信息接收者,而是有着强烈的自主意识、创新意识、自尊心理的信息共享者,他们可以对传播信息进行自主选择、理解和判断,传播者的意图和意见很难轻易左右和支配他们。他们甚至可以对传播信息提出自己的个性化需要,在对传播信息的选择性理解中提出自己独立的判断,并且把自己对相关信息的理解加入到传播过程中。这种媒体融

合中传播者和受众界限逐渐模糊，使得传播信息和传播过程也变得多元和复杂。

传播不同于宣传，宣传强调灌输，传播则注重互动，因此，马克思主义大众化应实现从“宣传”到“传播”的观念转变。马克思主义大众化传播具有目的性、互动性和社会性。它在一定社会关系中进行，通过大众与马克思主义在社会信息系统中的交流与互动，以让社会大众认知、接受和信仰马克思主义为目的。实现传播者与受众的融合，就是在传播信息的过程中，既充分发挥职业传播者对信息选择、核实、整合和分析解读的专长，又能够让身在第一现场的受众作为业余传播者在第一时间利用权威平台发布信息。

三、传播的时空限度向随机转变

在媒体融合的环境中，传播的时空限度变得更加灵活，受众对于信息的接收、传播者对于信息的发送都几乎不再受到时间和空间上的限制。各种智能终端的出现，各种互动平台、互动应用的出现，使得个人对个人、组织对个人、组织对组织的传播都更加具有机动性。同步传播和异步传播并存共生，不仅可以传播者制作信息并发布后，受众根据自己的条件来确定自己接收信息的场所和时间，也可以是传播者与受众之间同步交换信息，实现即时的沟通、交流和反馈。

这种时间和空间维度上的拓展和延伸，为马克思主义大众化传播的进行提供了更宽松的场域，传播者与受众之间的沟通更趋于顺畅，双方互动交流更便利，减少了距离感和很大程度上的隔阂，为随时随地的传播活动提供了便利的条件。只要受众有接收信息的意愿，就可以实现交互传递，即使第一时间错过信息的接收，也可以第二时间将错过的内容补充回来。单媒体的局限性大大减弱，媒体融合的综合性优势得以充分地显现。

第二节　媒体融合使传播内容由相对简单向复杂多样转变

一、信息数量上由少量向海量转变

网络信息时代,海量的信息充斥着整个社会,无论是正面的或是负面的。在浩大的信息世界中,各种各样的信息让人眼花缭乱应接不暇,无论传播者或受传者,都无法保证自己接收到的全部都是主流的正面的信息。基于网络搭建起来的新媒体有着更为海量的信息储存和传播能力。但人们接受和处理信息的能力是有限的,大量的信息噪声不仅没有为用户带来便利,反而降低了用户的信息利用效率。在这样的环境中,在垃圾信息和有用信息鱼龙混杂的网络世界中,如何才能让信息发挥其最大的正面效用,传播者对信息进行把关,阻止受传播者接收负面信息,在信息传递数量浩如烟海的今天已成为不容忽视的课题。

二、信息内容上由简单向复杂转变

从传播内容来看,现代的信息传播内容十分丰富,简直可以说是五花八门,无所不包。从新闻时事信息到情感交流内容,从商业发展情报到生活服务咨讯,从大众娱乐快报到专业研究报告,几乎涵盖个人学习生活工作的方方面面。正是由于现代受众具有多样性需求,而现代信息技术又恰恰提供了满足这些需求的手段,使得媒体信息的传播跳出了单一的线性传播模式。马克思主义大众化传播是推进和实现马克思主义大众化的一种方式,是通过讲述、传授、对话、文字、报纸、广播、电视、网络等载体或媒体开展马克思主义基本理论及其最新研究成果和中国特色社会主义理论体系的大众化传播普及活动的过程。

在传播意义上,马克思主义大众化本质上是马克思主义思想及其客观符号化的过程,是通过承载着符号化的信息载体对社会各阶层群体心理和行为模式的作用和影响。① 接受者在接收信息进行编码的时候,往往是根据自己的自身需求和生活、经验进行解读的。他们是心理上积极、主动的个体,信息只是加强或削弱自己主观世界的原始资料,他们会以自己的背景来弥补信息的多义性和不明性。如果传者向受者传递的信息离他本人的生活经历和自身需求太过遥远,信息就势必没有办法顺利对接。

在马克思主义传入中国的初期到中华人民共和国成立以前,中国国民正经历着前所未有的沉痛社会现实的压迫,亟须这样一种力量帮他们打破藩篱开始新的生活。而中华人民共和国成立以后,见证了中国社会巨大变化的中国国民深深地意识到马克思主义理论的重要作用,此时的马克思主义文本话语与他们的生活境遇是息息相关的。但是到了改革开放之后,中国社会更是发生了翻天覆地的变化,从前的很多价值观念渐渐被取代,对物质的追求使得人们渐渐忽视了曾经的精神信仰,也使得马克思主义思想与当代人的生活经验越来越远,也就是形成了主体与客体双方共识域的缺乏,即共同话语的缺失,造成沟通双方不能"意义共享",从而导致缺乏相互理解、相互肯定和相互认同,久而久之,甚至形成了接受分离和传播障碍。②

第三节 媒体融合改变了受众接收和处理信息的方式

一、受众接收信息方式的转变

在传统媒体为主导的时代,人们认识世界的方式和途径比较有限,因此,生活态度和价值观也趋于一致。但在媒体融合环境中,基于网络发展

---

① 李春会. 传播视域下的马克思主义大众化[M]. 北京:人民出版社,2013:17.

② 李春会. 传播视域下的马克思主义大众化[M]. 北京:人民出版社,2013:89-90.

起来的各种传媒渠道，包括门户网站、视频网站、聊天工具、社交平台、手机APP等，都使得人们接收信息的数量骤增且质量参差不齐。2014年被称为中国媒体融合发展元年，据艾瑞咨询《2014年中国移动互联网用户行为研究报告》：每天多次使用智能手机的用户达到67%，这些手机用户会利用空闲时段享受智能手机所带来的乐趣；同时，超过10%以上的用户使用场景为逛街购物、上厕所或洗澡、外出游玩、上下班途中、上班休息时等车无聊中及下班后在家里。① 由此可见，碎片化的视听行为必将导致媒体生态发生重要变化，受众的注意力在传统媒体和其他媒体间重新调整和分配，因为手机平板等新媒体设备的使用方式能适应碎片化时间的节奏，人们开始有意无意地为新媒体腾出更多的时间比例。

现在，人们不再需要守候在电视机前等待节目的开始，或者被报纸有限的版面所束缚。上网搜索、随点随看已成为人们新的生活方式和习惯。在20世纪八九十年代，传统电视媒体定向传播节目固定，这种传播规律使人们无法自由选择剧集或者跳看某段情节。而互联网视频网站的兴起，新媒体技术手段的介入，彻底打破了这种被动的线性收视行为。人们可以自由地选择视频点播跳过情节。近年来，许多视频、电视节目、电影等被放上互联网供受众下载点播，并迅速走红，社交网络也大行其道。Facebook、微博、微信以超越以往所有媒体平台的姿态更深人地介入人们的生活。“互粉”“扫码加微信”等新名词的出现预示着人们的交友与交际方式正在发生变化。人们从中满足一种更深层面的展示自我，表达自我的心理需求。

新媒体在信息处理速度方面远远超过传统媒体，对人们处理信息的方式也产生深远影响。多渠道的信息来源、同源信息的多角度解读，使信息的传播和处理过程变得更加复杂，受众更愿意行使话语权，发表自己的观点，更深层面地介入信息传播过程，人们不愿再被动地去接收信息，转

① 2014年中国移动互联网用户行为研究报告[OL]. 艾瑞咨询网. http://www.iresearch.com.cn/Report/2163.html.

而开始挑战权威,发出自己的声音。在新媒体时代,人们的生活态度更呈现多元化的趋势,人们的生活中有许多零散细碎的空闲时间,如在公交车地铁等交通工具上,吃饭时甚至如厕时,新媒体技术的出现使得这些细碎的空闲时间能够被有效地利用起来,改变了人们对空余时间的利用。

二、受众处理信息方式的转变

媒体融合带来的新信息传播环境,使得受众接收信息的渠道方式和分析信息的思维方式有了很大的变化。根据新的传播环境和受众的信息处理思维,马克思主义大众化传播面临着改变传统传播理念的任务。

1948 年,拉扎斯菲尔德和默顿合著的《大众传播的社会作用》一书中,有《大众传播、大众鉴赏力和有组织的社会行动》这样一篇文章,指出了大众传播的一大消极功能——麻醉精神。他们认为,“为数众多的传播品只能使人民对社会问题的关心停留在表面,而这种表面性常常掩盖了群众的冷漠态度……他们逐渐地误以为对当代的种种问题做些了解也就是为这些问题采取某种行动。”①

受众信息获取方式和思考方式思维习惯的改变不仅是技术层面上的,更是精神层面上的。作为传播环节中重要一环的传播媒介,媒体融合的发展本身体现的是传播渠道的拓展和进步,它的发展演进不可避免地也为传播过程中的其他环节带来了无法忽视的重大改变和影响。在虚拟世界中,经济、政治、文化和社会各领域具有高度分化的特征。但是,在形而上学思维方式的影响下,人们往往忽视了各个领域之间的内在关联性,简单地提出经济决定论、政治决定论、文化决定论、社会决定论的理论模式和行动逻辑,并用来分析复杂多变和具有内在关联的虚拟世界。网络技术以前所未有的速度发展,使网络传播形成了一种新的文化存在方式和文化信息传播方式,改变了人类文化的发展形态改变着受众对信息的处理方式。

---

① 胡正荣. 传播学总论[M]. 北京:中国传媒大学出版社,1997:160.

第四节 媒体融合使传播效果由可控向不可控转变

一、传播主体由信息把关人向信息引导者转变

传播主体的主要作用就是引导受众思想理论水平提高和培养其坚定的马克思主义信仰。但随着网络文化信息趣味性和新鲜性的不断提升，传播主体的权威性受到空前挑战，对整个传播过程的控制力弱化，其真实性和可靠性也有所下降。在媒体融合的趋势下，传播者不仅要传播正面健康的信息，还要警惕错误或不良信息的渗透和介入。新兴媒体的功能并不是万能的，不可能彻底代替传统媒体，传统媒体在挑战中将会得到新的发展。马克思主义大众化传播要善于把受众转化为传播者，形成巨大的传播合力，增强传播主体力量，实现理想的传播效果。

当马克思主义理论在大众中间关注度减弱的时候，大众媒介通常采取的措施就是加大信息的宣传力度，希望借此来改善这一现状。由于受众获取信息的途径同社会体系和社会条件有关，这一尝试并不是总如之前所期望的那样行之有效，相反，可能会造成一部分原本知识水平较弱的受众对马克思主义文本话语的接受力下降。现代社会中，人们已经逐步习惯并依赖于媒介带给我们的世界，媒介在大众和现实世界中间加入了这样一个虚拟的媒介环境，大众越来越依赖于媒介的选择来了解世界。媒体融合后，媒介世界即越来越贴近真实，却也同时越来越容易制造假象。但由于媒介所带来的事实只能是部分再现生活场景，大量的事实因为媒体原因被弃之不用或被有心之人刻意放大，且这些选择了的事件是经过了传者的种种考虑取舍的，并不能完全代表一种社会取向。如果被一些人利用，则会造成极端不良的后果。[1]

---

① 胡正荣．传播学总论［M］．北京：中国传媒大学出版社，1997：159.

二、受众在自媒体传播中的角色转换为传播者

媒体融合彻底颠覆了传播者与受众的传统关系，每位网络用户既是信息的接受者，同时也可能是信息的发布者。互联网塑造了传播者与受众的新颖关系，把传播者与受众融合为一体，集成了古老的人际传播方式和以传统媒体为代表的大众传播方式，既有一对一的传播、一对多的传播，也有多对一的传播、多对多的传播。

互联网创造了受众可以随时随地发布耳闻目见信息的机会，即“人人拥有麦克风”的时代，工具理性，融合在人。数字化传播使人们的学习方式发生了变革，须积极主动地适应人们传播方式革命带来的学习方式革命，引导各类受众自觉成长为当代中国马克思主义大众化传播的新型主体，不断扩大传播主体队伍，为当代中国马克思主义大众化传播提供队伍保证。生产工具虽然是推动社会进步的重要力量，但是，生产力中最活跃的因素是人，发明创造工具的是人，使用工具使其发挥最大效用的也是人。传统媒体与新媒体融合，最重要的是人的融合，即职业传播者与受众的融合。但是，如果没有一个受到广泛关注的发布平台，这种个人发布的信息，即使比较重要，仍然可能淹没在网络海洋中，如原始的人际传播一样，知晓人数极其有限、知晓范围十分狭窄。如果网络信息平台发布的都是家长里短、真假难辨的信息，这种平台也会很快被大浪淘沙。传统媒体利用其公信力和权威性，搭建能够受到广泛关注的信息发布平台，让业余传播者发布的信息达到传播效用最大化，这是实现人的融合的重要一环。按照心理学的研究成果，受众对媒体付出得越多，对媒体的忠诚度就会越高。受众参与了媒体组织的报道工作，就会把媒体当成自己的事业，对媒体更加信任、更加忠诚。用网络语言来说就是对媒体的黏度会提高。

第四章

媒体融合给马克思主义大众化传播带来的挑战和机遇

“推动当代中国马克思主义大众化的目的就是普遍提高人民群众的社会主义觉悟。这涉及社会主义事业的长治久安,普遍提高人民群众的社会主义觉悟,培养千百万社会主义事业的接班人,保证我们的社会主义事业千秋万代永不变质。”①媒体融合的环境中,马克思主义大众化传播既面临严峻的挑战,也有无限机遇可以抓住。正如二律背反。二律背反(antinomies)是 18 世纪德国古典哲学家康德(Immanuel Kant,1724—1804)提出的哲学基本概念。它指双方各自依据普遍承认的原则建立起来的、公认的两个命题之间的矛盾冲突。由于人类理性认识的辩证性力图超越自己的经验界限去认识物体,误把宇宙理念当作认识对象,用说明现象的东西去说明它,这就必然产生二律背反,而实践则可以使主观见之于客观,论证相对性与绝对性统一的真理。在康德的哲学概念中,二律背反指对同一个对象或问题所形成的两种理论或学说虽然各自成立,但是却相互矛盾的现象,又译作二律背驰,相互冲突或自相矛盾。② 这就是从某一方面论证都正确,放到一起论证就矛盾、就对立。它存在着两种状

---

① 刘书林. 当代中国马克思主义大众化与思想政治工作新任务[J]. 思想政治工作研究,2008(1):26-28.

② 百度百科. http://baike.baidu.com/link? url = urxYIHLcQjzovpvS8CXVJJydyLKTdsaC_WcK73kfOQDCh6Iv0C4Cs7u-CO5r-ycE-IeK1s4uNLmMJ7dB46tEBEKN2jy8TV0rWcssceQ7cqi.

况:初级状况下,它更多地表现出事物的矛盾状态、非此即彼的不可调和状态、互相抵触的制约状态;高级状况下,它则表现为一种即将整体超越的状态、一种登高望远的境界、一种展现创造张力的天赐良机。“辩证法中表现出来的二律背反,实际上是人类理性历来所犯错误中最有好处的一种错误,其原因在于,这种错误终于推动我们去寻找一把秘密钥匙,以便逃离这座迷宫。而当这把钥匙一经找到,它就会进一步为我们打开一个宝窗,这个宝窗是我们没有找过却又非常重要的,乃是一个美妙的窗口。通过它,人们可以瞭望崇高的事物,概览万事万物的永恒秩序,我们目前甚至就处在这一切之中,从而能够遵照理性的无上命令,依循明确的规矩,继续生活于其中。”[①]马克思主义大众化,强调重要性,需重点加大传播力量,但作为人民思维的马克思主义大众化,越强制推进越适得其反,又需要不动声色潜移默化。

第一节 马克思主义大众化传播在媒体融合中面临的挑战

“今天有种有趣的现象:连一行马克思著作都没读过的人都敢嘲笑马克思。”英国理论家伊格尔顿的这句话,很具有典型性。社会环境是基础,推进马克思主义大众化传播必须深入分析和准确把握所处的社会环境。[②] 媒体融合意味着马克思主义大众化传播的载体有了更新,传播环境也因此有大的变动,在这种情况下,内容、管理、方法、体制等都要相应地进行更新。一个矛盾的解决总会伴随着一个新矛盾的产生,科技进步给人们带来便利的同时,也产生了一些让人头痛的伴生问题,就像汽车的普及使车祸发生率上升一样无可避免。即使在我国这样一个以马克思主

---

① 康德文集[M]. 北京:改革出版社,1997:255.

② 颜晓峰. 铸造推进马克思主义大众化新辉煌[M]. 北京:解放军出版社,2012:60.

义为意识形态理论指导的社会主义国家中,也不乏这样一些享受着马克思主义带来的社会发展成果却不愿意接近马克思主义,不愿意了解中国化的马克思主义,甚至抨击着马克思主义的人群。尤其是在科技飞速发展,媒体融合进程加速,信息呈爆炸式蔓延的现代社会,各种意识形态无孔不入,给我国的马克思主义大众化传播带来了不容小觑的挑战。

多杂散匿且个人意识滋长的受众使马克思主义大众化集中传播效果减弱。媒体融合给马克思主义大众化传播带来的影响主要体现在对受众的改变上。由于受众在媒体融合环境下对信息的接收方式、分析处理方式的改变以及自我意识、自我本位性的增强,个人意识日益突出。受众对于信息的偏好分众群体增多,媒体的全覆盖传播能力减弱,提高传播针对性、分众化、小众化要求提高,使得马克思主义大众化传播需要依据受众的变化而做出有针对性的调整。

作为观念传播的马克思主义大众化传播的难度在于:第一,把马克思主义大众化传播等同于理论宣讲,唯恐不套用理论就凸显不出马克思主义的高度和科学性、权威性,以至于枯燥不吸引人,效果不好;第二,用事例承载却过于拔高事件形象、性质,不食人间烟火,与世隔绝;第三,过于追求吸引眼球,舍本取末,流于表象,启示性不强,引导力不足,号召度不够。

一、受众自我本位性增强

受众个性、自我意识增强,自我本位性增强,不易改变观点。据中国互联网络信息中心统计,截至 2017 年 6 月,我国网民仍以 10 ~ 39 岁群体为主,占整体的 72.1%;其中 20 ~ 29 岁年龄段的网民占比最高,达 29.7%,10 ~ 19 岁、30 ~ 39 岁群体占比分别为 19.4%、23.0%。与 2016 年年底相比,40 岁及以上中高龄群体占比增长 1.7 个百分点,互联网继续向这个年龄群体渗透。

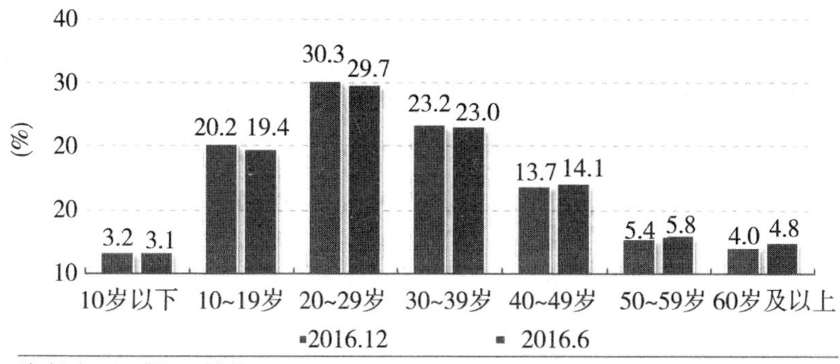

中国网民年龄结构①

网民在年龄结构上呈现年轻化的态势，青年网民的政治参与始终伴随着感性与理性、狂热与温和、激情与极端、思考与宣泄、极端与适应的矛盾，他们在思想上存在着众多不稳定的因素，在行动中包含着许多不成熟的成分，在网络政治参与中容易受到一些极端化信息和外界因素的影响，产生一些非理性的政治参与行为，对我国网络政治发展乃至现实政治生活产生不利影响。

受众是一个庞大的群体，具有多、杂、散、匿的特点，即众多性、混杂性、分散性和隐匿性。在马克思主义大众化传播过程中，受传者就是受众。随着社会、经济、文化、生活的进步和发展，曾经习惯于仰视学术、崇拜权威、盲目跟从的受传者主体意识不断增强，思想日益个性化，注重个性自由和思想解放的观念也日增月长。特别是现在的青少年受众，他们没有亲身经历过新旧社会的对比，缺乏对我国社会主义发展全面和系统的了解，有些人还很容易受到国内外错误思潮的消极影响。受众是复杂的，是具有差异性的。马克思主义大众化传播者要想在这一庞大的群体中对马克思主义大众化进行传播并不是一件简单的事情。面对这些差别巨大的受众群体，必须要有不同的教育内容、方式等与之相适应，选择不

① CNNIC 发布第 40 次《中国互联网络发展状况统计报告》. http://www.360doc.com/content/17/0806/15/10674521_677085055.shtml.

同的信息满足不同受传播者的需要。如对青少年进行教育的方式就要与对儿童和成年人的教育方式区别开来,儿童、青少年和成年人的成长时代不同,社会背景不同,人生阅历不同,对各种表象下实质的认识深度不同,自身的观念形成模式也不同,太新式的内容和观念成年人可能接受不了,儿童理解不了,但青少年却能津津乐道同感大增;老式的内容让成年人若有戚戚焉感同身受,却不能引起青少年和儿童的共鸣,比较浅显的内容则会让儿童接受起来比较容易,对于成年人则是冗余信息,用处不大。因此马克思主义大众化传播者针对不同受传播者群体进行把关是必要的。

另外,受众在面对信息时会有选择性心理。选择性心理是传播学者在对受众的研究领域中发现的一种心理学现象。在 1960 年完成的《大众传播的效果》一书中,美国学者克拉伯认为,在传播过程中最具有干扰作用的因素便是选择性因素,所传播信息的争议性越大,选择性因素的干扰作用就越大。相反,所传播信息的争议性较小,则选择性因素的干扰作用相对来说就会变得不那么明显。减少选择性因素对传播过程的干扰是传播者提高传播效果的重要手段之一。同时,克拉伯还将选择性心理的实际应用表现归纳为三个方面,分别是选择性接受(或称选择性暴露)、选择性理解和选择性记忆。在传播学领域,选择性心理的解释是,受众在接触媒介时是根据自己的喜好有选择性的行为,他们往往只选择能对自己的信念起加固作用的信息,而拒绝接收那些与自己固有观点相抵触的信息。人们利用大众媒介主要是为了加强自己本身固有的观念、看法,而非为了改变自己的立场、思考方式。选择性注意,是指人的认知结构、社会类型和所有有意义的社会联系所产生的,以及与这些因素有关的媒介内容注意力的方式。选择性理解是指具备不同的心理特征、文化倾向和社会成员关系的人们在解释媒介内容时会使用不同的方式。在被受众注意到的众多信息里面,并不是全部而是只有一部分可以被进行深层认识、思考和处理。在受众的这种信息的选择处理过程中,“由于兴趣、信念、原有的知识、态度、需要和价值观等这些认识因素上的差异,具有不同认识结构的人们实际上对任何复杂的刺激都会产生不同的认识即赋予意义。”选择性记忆，指的则是受众在记忆时往往只会对符合自己兴趣、对自己有利或与自己意见一致的传播内容比较敏感从而印象深刻。在对信息的接收理解过程中，能够在受众记忆中得到保存的信息量大大小于受众接收的信息量。

在马克思主义大众化传播过程中，传播者应该对受传播者的选择性心理进行充分的认知和重视。根据克拉伯对受众选择性心理的研究和解释，我们可以了解到，作为特殊传播——马克思主义大众化传播的受众群体，也具有一般受众的心理特征。在接受马克思主义大众化传播者传递过来的信息时，也会根据自己的特点，自觉不自觉地对这些信息进行选择性的注意、理解和记忆。如在学校教育中，有的学生对课堂教育比较排斥，则会在上课时缺乏兴趣而注意力分散，不去关注老师所讲的内容，甚至直接忽略掉上课这个事实进入到自己的世界中去，或睡觉或做小动作，而另外一些喜欢这种课堂教育模式的学生则会注意力集中、精神亢奋、专心致志地聆听从老师那里传来的每一个细节信息。这可以看作是受传播者对教育渠道的选择性心理。

因此，根据选择性心理的理论原理，马克思主义大众化传播者必须对信息进行把关处理。受传播者的存在类型是多种多样的，要根据不同的受传播者群体来确定马克思主义大众化传播的内容和形式，而不能泛泛地以同样的内容覆盖所有的受众人群，这样是不科学的，是不利于马克思主义大众化传播内容的接受的。要使所传递的教育信息能够在受传播者那里得到注意、理解和接受记忆，必须要尊重受众群体的不同特点，对症下药、一丝不苟地进行马克思主义大众化传播的把关活动。如若把关活动在马克思主义大众化传播过程中缺失或草率，受众则不能获得与之特征相适应的教育方式和内容，便会对这些传播到他们身边的内容产生排斥和逆反心理，从而使整个马克思主义大众化传播过程不顺畅，效果不强、效果缺失甚至出现负效果。因此，受众群体的多样性和差异性决定了马克思主义大众化传播者要重视受众在接受马克思主义大众化传播时所表现出的选择性思维方式，即选择性心理。马克思主义大众化传播者的把关行为对于受众对信息的接收具有非常重要的作用。

随着改革开放和市场经济的深入发展,传媒技术迅猛发展,传播信息渠道迅速增加,人们从各种渠道都可以得到非常多的信息,每个人都在这自由的信息世界中建立了一套自己的判断方式、思维模式等,那种单纯进行理论性的灌输已略显老套过时,马克思主义大众化传播也失去了原有的强大影响力。传播者必须对受众即将要接收的传播内容进行选择、控制,要通过一个严格的把关过程,不仅要选择有教育意义的正统内容,更要根据受传播者的心理特点选择其感兴趣且乐于接受的内容从各个角度进行特色化传播。正面教育信息的选择是必要的,必须由传播者从中筛选出精华内容来进行主流上的马克思主义大众化传播,这也是马克思主义大众化传播的大势。但选择正面信息的同时,并不是彻底丢弃对负面信息的选择。因为信息渠道的畅通性,使得即使传播者没有选择这些负面信息传播给受众,受众自己也是很有可能通过其他许多种渠道获得。与其让受众自己接受并加以错误理解,不如由传播者主动提供一些比较有代表性的负面信息当作负面教材,给受众进行负面信息的解读,使其在思想上对这种特定类型的负面信息做出正确判断,从而能够以正确的心态来理解和对待社会上一些不正确的思想、现象和行为。对垃圾信息传播的控制, 并不仅限于限制层面,而更应该注重直面及解读。

改革开放之后直到现在,我国社会经济、政治、文化都得到了巨大的发展,打破封闭的形态之后,我国与世界上其他国家的交流合作也都更密切,尤其是网络振兴之后,这种不受地域制约的文化交流和渗透更是越来越频繁,多元化的思想文化也成为网络文化的主流。相对于传统媒体,网络对于信息内容的传播几乎是全盘接受的,任何人想发表任何言论,都可以在网络上通过各种方式,如论坛、微博、聊天室等自由表达,使得网络上传播的信息的内容更让人眼花缭乱应接不暇,即使有网络管理员,也不见得能够完美应对如此庞杂的信息的删减。以网络色情为例,以往的色情传播有图书、光碟等,渠道比较狭窄,有些青少年即使想要接触也不得章法无处购买。而现在,网络中充斥着大量色情的信息,不只是色情网站如雨后春笋般大量涌出屡禁不止,甚至网络中通过正常渠道就能毫无阻碍地获得大量的不良信息。如通过各种 P2P 下载软件,许多内容都可以获得。在这种环境下,在网络中对信息进行强制性把关,工作是繁重的,任务是艰巨的。转变观念,变显性把关为隐性把关,从受众的思维方式把关入手,才更为有效。若不能有效把关控制受众对负面信息的接收,不如将较为典型的负面观点提出来,传播者与被传播者开诚布公地、坦荡荡地进行一番交流,通过对负面信息的分析,无形中传授给受传播者一种科学的理念,让其对这方面的信息有全新的认识,这样,以后即使有被把关者忽略的负面信息进入受传播者的视野,他也会以一种比原来更平静和理智的心态对待分析,即使再多的不良信息出现,受传播者的思想也不会被侵蚀和渗透。

二、模糊了传播者和受众的界限,媒体责任被分散

网络媒体产生之前,社会信息新闻几乎都是通过党报党刊、电台电视台和其他在新闻出版部门监管下的媒介来传播,国家对于以马克思主义为主流舆论导向传播的监管和控制性较强。这些媒介能够坚持正确的舆论导向,遵守党的宣传纪律,突出马克思主义的传播优势。但网络媒体的出现消解了这一优势。[①] 美国传播学家 J. 鲁尔在《中国打开了电视》一书中曾指出我国电视节目中一些价值混乱和矛盾的现象,如教育性节目强调对社会的贡献价值,而娱乐性节目则充斥了个人主义和利己主义的时尚,前者强调勤俭节约是中华民族的传统美德,而电视剧和广告则以豪华的酒宴或商品刺激人们的超前消费倾向;前者教育人们要做遵纪守法的公民,而在一些描写商战的电视剧中,犯罪分子或不法之徒却奇妙地成为成功人物。鲁尔认为,“电视这种媒介,本应反映和宣传某种一贯的社会哲学并示意人们去服从于它,但在中国的电视界,这种哲学目前似乎尚

① 张付等. 马克思主义传播研究 1[M]. 北京:中国传媒大学出版社,2014:225.

不存在。”①

传播主体是否具有对当代中国马克思主义精深的理论知识、深刻的社会实践和坚定的科学信仰,直接制约着传播者能否成为一个有责任、能担当的传播主体。新媒体兴起迅速,且网络法规的完善相对滞后,对于新媒体的监管和制约,暂时还略微有些鞭长莫及。而运作中的各种媒体,大多为企业性质,必须自主盈利才能在市场中生存和占有一席之地。几乎所有的网站都有点击量的任务,一些夹缝中生存的中小型传统媒体也需要通过赢取关注度来提升业绩,获得盈利。网站点击率的考核,使得有些网站对低俗内容传播呈现出宽容的暧昧态度。有些不负责任的媒体打着“与群众同呼吸共命运”“与群众统一战线”“为群众利益说话”的旗号,借一些敏感话题胡乱发挥,以诽谤曲解国家为豪,混淆群众视听,挑起计划群众对政府的不满,以此增加关注度,只图一时不计长远后果。轻率地为自身利益造成媒介审判,以媒体的优势去左右甚至误导法院判决和群众意见判断。

“媒介审判”一词发端于美国,西方学者认为,“媒介审判”的产生根源是西方国家实行法律审判时的“大陪审团制度”,这个陪审团由普通公民组成,而在开庭审判前如果大众传媒已经对案件或涉案者做了带有自身主观色彩或偏向性的报道和渲染,就会影响陪审团的公正投票,从而间接影响判决的公允。“媒介审判”是西方传来的说法。我国学者魏永征认为,“媒介审判”是指新闻媒介超越司法程序,抢先对涉案人员做出定性、定罪、定刑以及胜诉或败诉等结论。从其本原意义来讲,中国不存在实质上的“媒介审判”情况,因为我国参审制度目前尚不具备足以影响司法审判结果的力量。但中国的媒介审判有自己独特的特点,它是新闻竞争日趋激烈的产物,是新闻媒体的职能错位。

2014 年 8 月 29 日的《焦点访谈》播出了这样一个事件:8 月 25 日,一条题目是“黄石市食品药品监督管理局采购天价制服”、内容为“每套制

① 胡正荣.传播学总论[M].北京:中国传媒大学出版社,1997:209.

服均价3266元,请局领导回应一下,是什么牌子的天价制服?”的报道成为微信新闻头条,并被各大媒体转载,部分媒体为吸引更多受众的目光还重新编排了诸如《天价制服引众怒采购猫腻“功不可没”》《治理“天价”制服要下猛药》等评论题目,将黄石药监局推上风口浪尖。报道里说,黄石食药监局49万采购150套制服,平均每套3266元,是“天价”,暗指药监局乱用公款的腐败行为。一经报道,引起了广泛关注和一部分人的愤怒和不满。很多网友跟帖回应“这个应该严查严惩!”“惯例回扣每套2000元!”“黑心官员与商家勾结的产物”,等等。经记者和相关执法部门的调查发现,事实是黄石药监局严格按照2012年2月12日国家食品药品监督管理总局和财政部发布的《食品药品监督管理人员制式服装及标志供应办法》和《食品药品监督管理人员制式服装及标志式样标准》进行制服招标工作,其150套制服包含了十几件衣服以及帽子、徽章领带等物件,并且首次配发是两套制服,完全符合国家标准。在黄石药监局的文件中多次提到“首次发放两套”,但发布报道的某报见习记者对这些字眼选择了忽视,并且没有向黄石食品药品监管局负责人核实就直接得出“每套贵了一千多元”的结论,该见习记者还认为该事情已有基本事实,已经具备一个新闻该有的元素。

这家媒体在发现所谓天价制服其实是误解后,虽然第二天又发报道纠正说法,但毕竟已经在社会上造成了影响。不论该媒体记者出于怎样的心态,或是自身对于社会负面现象的愤慨,或是出于追求报道热点关注的野心,造成的社会负面影响都已经出现。受众先入为主已经接受了该报道的质疑,认定黄石药监局天价制服的事实并对该事件抱怨不满,形成了“媒介审判”的一个不良舆论环境,即使后来纠正了说法,却未能消除全部负面影响。因此媒体在事实采集上必须要慎而又慎,不可急功近利,以媒体自身的观点去误导受众的判断力,使社会法治建设环境受到玷污和影响。社会中原本存在的问题没有被解决,反而被恶意无故虚假放大,群众不在信息前端,不能自己了解真相只能凭借媒体,再加上报道的偏向性,刻意的指向性,便会扩大群众与上层的矛盾,这对社会的发展是极为不利的。媒体责任应该长提并常提，媒体不能成为让政府和群众相互背离的挑唆者，而应该尽力拉近二者的距离，消解二者的误会。负面事件该报要报，但不能哗众取宠激发民怨民怒，而应该通过对负面事件的客观报道表达政府处理社会问题的诚意和能力，给群众以希望和安全感。

三、庞杂信息冲淡马克思主义大众化传播内容影响力

受众甚至媒体对信息的选择、对马克思主义大众化传播内容的认知受到干扰，大量噪声和无效信息远远超过有效信息，显性的马克思主义大众化信息常常被受众的主动选择忽略。媒体融合背景下，部分蓄意的信息传播体现出虚假与真实混杂传播的特点，使受众真假难辨，由于“真实”部分与受众自身认知相吻合，从而潜意识默认虚假部分也是真实的，使自身受错误思想控制而不自知，被利用而不自知。净化传媒内容市场、净化社会舆论势在必行，这为中国特色社会主义建设创造出良好的精神文化环境和氛围的保障。社会现实一定程度上消解了大众的信仰，当前社会矛盾和问题日益凸显，在一定程度上影响了大众对马克思主义的信仰，对推动当代中国马克思主义大众化提出了新任务。推进马克思主义大众化就要实现马克思主义与民族复兴、时代发展、群众实践的相互融合、相互促进，就要研究和回答改革开放和社会主义现代化建设实践中凸显出的重大现实问题。站在群众立场上想问题、办事情，从群众最关心、最直接、最现实的问题入手，并在传播中努力运用马克思主义中国化最新成果解疑释惑、疏导情绪、统一认识、凝聚力量。

一方面，适应时代主题转换而必然实行的全方位对外开放过程中，各种社会思潮和价值观念相互激荡，意识形态多样化倾向日渐加强，受众的认知理性程度获得了一定程度的提升。传统的马克思主义意识形态被重新审视，一旦受众发现主导地位的马克思主义意识形态与自己的社会经验和理性认识不符，就会疏远甚至于排斥这种主导意识形态，当代中国意识形态的主导性与多样化的矛盾日益凸显。在中外文化和意识形态的碰撞过程中，社会各界曾获得了新的价值参照系，一些迥异于马克思主义意

识形态的思想观念、价值体系难免会被一些民众所接受和推崇。许多历时态的文化问题转化为共时态的文化问题,文化的冲突和融合呈现出前所未有的复杂景观。网络信息又具有庞杂性、异质性、权威性差等劣势,尤其是网络空间存在的色情、暴力、迷信等文化垃圾,一些反动组织也在网络上散布危及社会稳定的反动言论,这对于中国特色社会主义网络文化建设极为有害。在网络空间抵制消极、错误甚至反动的思想和信息,传播正确、积极和健康的社会主义先进文化,这是推进网络文化境遇中当代中国马克思主义大众化传播的难点所在。

在媒体融合背景下,个体能够体验到现实世界无法体验到的乐趣,可以尽情地释放感情上的不满甚至发泄私愤,可以追求现实世界难以得到的东西,可以表达自己与主流思潮不相符合的观点,可以实现自己在现实世界难以实现的民主权利。随着互联网的兴起与普及,网络舆论事件中,逐渐出现民粹主义倾向。这种社会思潮与互联网的结合,形成了转型时期的网络民粹主义。网络民粹主义,在概念上由“民粹主义”演变而来,是指在互联网时代中,由现代技术与社会变革所带来的一种蔓延于网络的社会心理。它以民粹主义为基础,在新的环境中,呈现出自身新的特点。“民粹主义有三个标志性的特征,即草根性、非理性和批判性。”其核心是极端强调平民群众的价值和理想,把平民化和大众化作为所有政治运动和政治制度合法性的最终来源。民粹主义者往往认为精英阶级所代表的统治团体,既腐化又堕落,因此宁愿要人民相信自己,也不愿相信这套制度,所以民粹主要的特质就是对政府和精英的反对与不信任。可以说,民粹是一种人民不满现状的社会心理。网络民粹主义思潮是对现实中民粹主义思潮的延伸。在中国,网络民粹主义思潮兴起于21世纪互联网的普及。相较于传统的民粹主义,网络民粹主义思潮也衍生出自身的新特点:第一,网络民粹主义思潮无体系、无纲领;第二,网络民粹主义比传统的民粹主义表现出更大的影响力;第三,网络民粹主义思潮由于所依托传播工具的优势,具有更大的不确定性和潜在危险性。

不经调查得出结论而一味追求社会关注度,制造噱头,引发社会公愤,扰乱社会秩序,混淆群众认知判断。类似的还有许多朋友圈内传播的各种对社会现状的负面、消极、不实、夸大情况的解读在扰乱人们的判断力和价值观。主流媒体为何在一定程度和某些方面压不过小道消息,为什么群众有时宁可相信小道消息对社会问题的负面解读也不相信主流媒体对社会现象的理性正面分析?这不仅体现了在生活中对负面社会状况的体验而增加的对正面报道的不信任,对于自身体验趋同感更强的负面报道有共感,更体现了主流媒体的公信力受到质疑。这也体现了在马克思主义大众化传播方面主流媒体做得还不够,还有所欠缺,没有用马克思主义武装好群众,没有在思想上给群众树立和奠定马克思主义价值观的绝对领导地位,以至于群众在接收信息时容易被噪声动摇,不去做科学判断就盲目相信,或以猎奇心理和心态专门追求和搜寻非主流的猎奇性负面报道,并为满足自身的心理体验而选择性相信,不顾及事实真相。另外,由于社会中确实存在大量未能有效解决的令群众不满的问题,使群众本身的负面情绪得不到消解,带着负能量去偏听偏信并放大和自身体验相似的信息。

当我们反思一系列社会事件时,会发现这种网络中的民粹心理并不只是在具体的社会事件中体现,它更反映了一种蔓延于网络舆论中的社会情绪。在全面深化改革时期,社会矛盾层出,住房商品化、医疗产业化、教育产业化这些改革措施于无形中增加了人们的生活成本,尤其对于中低收入的平民阶层,社会资源分配的公平与否直接关系到其生活质量与安全感。传统意义上的民粹主义是底层人民的一种社会心理,但由于地域限制,这类群体中人们很难在大范围交换意见,并强化自身判断,因此这种民粹情绪多呈点状分布于社会底层。然而媒体的融合和发展给这些呈点状分布的意见带来了汇聚与整合的平台。网络的匿名性与自发性,鼓励了网民进行意见与情绪的表达。诺依曼在沉默的螺旋理论中指出,人们在表达意见时,总是趋向群体的认可,害怕被多数意见孤立,而互联网的匿名性使人们表达自我时更加大胆,聚合并强化了意见认同。多元渠道打破了传播的地域限制,将平民阶层的意见整合,使原先呈点状分布的"感受"汇聚在一起并得到强化。网络民粹主义将"平民化"与"平均化"作为一切审美的标准,消解社会的包容与理性。而一些大众媒体为了迎合这种审美需求,过分刺激观众偷窥、泄愤等不良情绪。这种盲目、非理性的思想特征,导致一些电视节目内容低俗化,利用炒作追求卖点和噱头,破坏了健康的文化氛围。可见,网络虽是人的全面发展的助推器,但由于网络环境缺乏相应的法律监管和道德自律机制,加之个体的不恰当使用行为,对个体的生存、发展和享受带来众多负面影响,特别是网络文化中庸俗、粗俗和媚俗现象绝不比现实世界少,各种自由主义、保守主义、功利主义的思潮泛滥,对人的全面发展极为不利,在一定程度上必然影响马克思主义大众化在个体层面上的接受程度。

第二节 马克思主义大众化传播在媒体融合中的机遇

邓小平曾说过:"时间不同了,条件不同了,对象不同了,因此解决问题的方法也不同。"[①]2013 年以来,传统媒体尤其是纸媒,从全球范围来看发行量都呈下滑趋势,而发行数字版、转向移动端、在微传播空间拓展影响力,成为传统媒体发展的大势。全球新闻媒体正处于数字化、融合化和微传播转型加速期。在全球化媒体融合不断推进的国际大背景下,网络媒体如雨后春笋般兴起,我国的大规模媒体融合也已经成为一种不可阻挡的必然趋势。

2014 年 8 月 27 日的《焦点访谈》播出了以" 媒体融合:走稳走快走好"为主题的节目,指出作为党的十八届三中全会做出的重大战略部署,推动媒体融合发展不仅是当前宣传思想文化领域深化改革的重要任务,更是促进传统媒体与变革中的媒体和舆论生态相互适应、相互协调的重要手段。习近平总书记在中央全面深化改革领导小组第四次会议上进一

① 《邓小平文选》第二卷[M]. 北京:人民出版社,1994:119.

步从更深的层面上阐释了媒体融合发展的工作理念、实现路径、目标任务和总体要求，为媒体融合发展指明了方向，提供了遵循。传统媒体与新兴媒体要通过融合发展，增强媒体自身信息生产、传播和服务大众的能力，充分且科学地利用先进技术，进一步提升传播效果，打造自身较高水准的公信力、引导力和影响力，传播主流声音，满足人民群众对于信息的需求，为舆论环境注入新鲜血液。

据中国互联网信息中心最新发布统计数据，截至 2017 年 6 月，我国网民规模达到 7.51 亿，半年共计新增网民 1992 万人，半年增长率为 2.7%。互联网普及率为 54.3%，较 2016 年年底提升 1.1 个百分点。

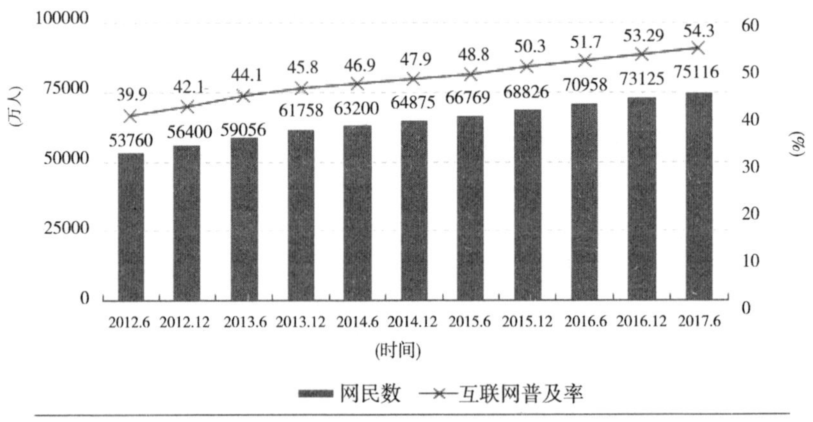

资料来源：CNNIC 中国互联网络发展状况统计调查。

中国网民规模和互联网普及率①

截至 2017 年 6 月，我国手机网民规模达 7.24 亿，较 2016 年年底增加 2830 万人。网民中使用手机上网的比例由 2016 年年底的 95.1% 提升至 2017 年的 96.3%，手机上网比例持续提升。

① CNNIC 发布第 40 次《中国互联网络发展状况统计报告》. http://www.360doc.com/content/17/0806/15/10674521_677085055.shtml.

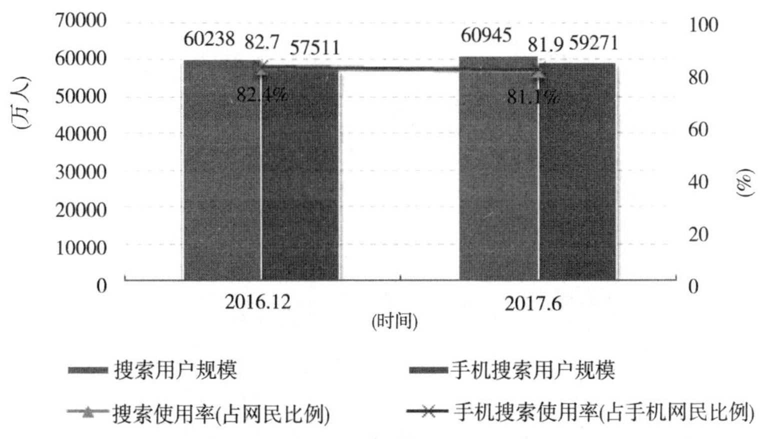

资料来源：CNNIC 中国互联网络发展状况统计调查。

2016.12—2017.6 搜索/手机搜索用户规模及使用率①

另外，在网络的使用上，从使用媒介到使用内容，都出现了领域上的极大扩展。从图中可以看出，网上外卖和互联网理财是增长最快的两个应用，半年增长率分别为41.6%和27.5%，网络购物仍保持较快增长，半年增长率为10.2%；手机应用方面，手机外卖、手机在线教育课程用户规模半年增长率分别为41.4%和22.4%。另外，共享单车用户规模已达到1.06亿；网络直播用户共3.43亿，占网民总体的45.6%。②

在不使用网络的人群中，也以客观条件上的局限为主，个人主观不愿接触网络的占比较小。

我们也应该看到，我国的媒体融合虽然开始出现蓬勃生机，但仍处于起步阶段。传统媒体大都只局限于自身单独的网络板块，如人民日报的电子版、光明日报的电子版、新华社通讯的电子版等，机械性叠加大于化学性融合，还有很大的提升、改进和发展的空间和潜能。《关于推动传统媒体和新兴媒体融合发展的指导意见》提出，推动媒体融合发展，要遵循

① CNNIC 发布第 40 次《中国互联网络发展状况统计报告》. http://www.360doc.com/content/17/0806/15/10674521_677085055.shtml.

② CNNIC 发布第 40 次《中国互联网络发展状况统计报告》. http://www.360doc.com/content/17/0806/15/10674521_677085055.shtml.

	2017.6		2016.12		
应用	用户规模（万）	网民使用率	用户规模（万）	网民使用率	半年增长率
即时通信	69163	92.1%	66628	91.1%	3.8%
搜索引擎	60945	81.1%	60238	82.4%	1.2%
网络新闻	62458	83.1%	61390	84.0%	1.7%
网络视频	56482	75.2%	54455	74.5%	3.7%
网络音乐	52413	69.8%	50313	68.8%	4.2%
网上支付	51104	68.0%	47450	64.9%	7.7%
网络购物	51443	68.5%	46670	63.8%	10.2%
网络游戏	42164	56.1%	41704	57.0%	1.1%
网上银行	38262	50.9%	36552	50.0%	4.7%
网络文学	35255	46.9%	33319	45.6%	5.8%
旅行预订[3]	33363	44.4%	29922	40.9%	11.5%
电子邮件	26306	35.0%	24815	33.9%	6.0%
论坛/bbs	13207	17.6%	12079	16.5%	9.3%
互联网理财	12614	16.8%	9890	13.5%	27.5%
网上炒股或炒基金	6848	9.1%	6276	8.6%	9.1%
微博	29071	38.7%	27143	37.1%	7.1%
地图查询	46998	62.6%	46166	63.1%	1.8%
网上订外卖	29534	39.3%	20856	28.5%	41.6%
在线教育	14426	19.2%	13764	18.8%	4.8%
网约出租车	27792	37.0%	22463	30.7%	23.7%
网约专车或快车	21733	28.9%	16799	23.0%	29.4%
网络直播[4]	34259	45.6%	-	-	
共享单车	10612	14.1%	-	-	

新闻传播规律和新兴媒体发展规律，强化互联网思维，坚持正确方向和舆论导向、坚持统筹协调、坚持创新发展、坚持一体化发展、坚持先进技术为支撑。新华社副社长慎海雄认为："互联网技术的出现使得整个舆论生态都发生了颠覆性的变化。以习近平同志为总书记的党中央高瞻远瞩、审时度势，不回避、不掩饰，鲜明地提出了媒体融合发展这个重大战略任务……总书记提出要遵循两个规律，即遵行新闻传播的规律和新媒体发展的规律，这指明了融合发展的路径和方法。"①传统媒体与新媒体是"竞合"的关系，在竞合中实现媒体的多样化发展。

一、媒体融合使受众覆盖面变广

媒体融合给马克思主义大众化传播提供了更为便利的接地气的机

① 焦点访谈：媒体融合：走稳走快走好. http://news.cntv.cn/2014/08/27/VIDE1409145961502667.shtml,2014-8-27.

会。媒体融合发展为推动马克思主义大众化传播创造了新的机遇，我国主流媒体只要遵循媒体融合发展规律，遵循马克思主义大众化传播规律，对传播方式、传播内容等进行创新、优化和改进，把握好内容建设和技术支撑二者之间的关系，发掘新兴媒体的技术优势和传播特点，以人为中心实行传播重点的转移，做好传统媒体和新型媒体融合发展的促进工作，就一定能达到巩固社会主义思想文化、壮大主流思想舆论、拓展马克思主义大众化传播阵地的目的。媒体融合使得各种传播载体的受众数量都有所增加，使得潜在马克思主义大众化传播受传者队伍扩容。面对较之以往更加庞杂的受众群体，首先要按照十八大报告中指出的“加强和改进网络内容建设，唱响网上主旋律”，十九大报告中指出的“加强互联网内容建设，建立网络综合治理体系，营造清朗的网络空间”，坚定公众对中国特色社会主义道路的信心，使社会主义文化和核心价值体系本身具有吸引力、感召力。要建立起广泛的“网上统一战线”。[①] 要借媒体融合之势，让马克思主义大众化传播呈现“虽阳春白雪，仍和者日众”的状态。

媒体融合发展起到了拓宽受众范围的作用，使马克思主义大众化传播的受众群体更加广泛。因为新兴媒体的信息承载能力更大，网络终端让信息传输和接收较以往更快速便捷，从根本上突破了传统媒体在传播上受时间空间限制的弊端。传统媒体和新兴媒体的融合，使传统媒体的内容优势找到了更有利的载体，可以不受时空束缚地实现点对点、点对面、面对面的传播，使马克思主义大众化传播的受众群体范围大大扩展，将更广泛的群众纳入马克思主义大众化的传播对象中。马克思主义大众化传播有了在宏观上、横向上的大范围延展，实现了马克思主义大众化传播对象群体的扩容，这为马克思主义大众化传播的进一步深入提供了极为重要的受众条件。

媒体融合发展使马克思主义大众化传播的受众细分更精确。媒体融合发展在拓展马克思主义大众化传播受众覆盖范围的同时，也可以实现

---

① 王君．党校精品课2[M]．北京：中共中央党校出版社，2013：271.

受众群体的细分化,增强马克思主义大众化的目标性传播,使马克思主义大众化传播更具有针对性。每一类受众都具有其使用媒体的不同习惯和偏好,而这种偏向性、选择性则是马克思主义大众化传播者需要研究和关注的焦点之一。把握受众偏好,科学细分受众群体,尊重不同受众群体不同的心理特点和规律,能够更有效地调动受众的主体能动性,集中其注意力,促使受众从接收到接受的转化。如微信的使用者多以青年人为主,这是马克思主义大众化传播非常重要的目标受众群体,传播者在这种平台上不能以传统的宣教式、集中式传播为主,而要洞察受众的特点,让受众在轻松休闲中接受马克思主义大众化传播对思想的洗礼和重塑。

二、媒体融合延展了马克思主义大众化传播的渠道

传统媒体与新兴媒体的融合,使传播更具有了立体化的特点。媒体融合使信息传播无处不在、无时不有,每一个角落都充斥着信息的味道。互联网技术向设备终端的进一步延伸,同时也延伸了马克思主义大众化传播的渠道,拓宽了马克思主义大众化传播的平台。传播者搭建的信息传播平台,其权威性和公信力,首先来自所发布信息的真实性、重要性、及时性和广泛性。信息传播平台对重要信息视而不见,受众就会对信息传播平台视而不见;信息发布姗姗来迟,受众就会不告而辞;信息发布量少面窄,受众群体也会量少面窄。更重要的是,如果信息传播平台没有及时准确地对所传播的信息进行选择、核实、分析解读,所发布的信息真假莫辨、鸡零狗碎、不知所云,那么,这个信息传播平台的权威性和公信力也会轰然瓦解。

实现传播者与受众的融合,就是在网络时代媒体融合过程中,进一步强化开门办报办台的优良传统。在传统媒体与新媒体融合的过程中,不仅需要新媒体思维,更需要从全新的视角来思考媒体,包括传统媒体和新

媒体发展的思维方式。[①] 多样化的渠道和平台又给马克思主义大众化传播带来了向多样化转变的机会。马克思主义大众化传播在媒体融合的趋势下、在立体传播的特点中,只要让自身融于受众之中,适应大众性的解构式表达形式,不拘泥于将自身置于宣传主体的传统传播显性高度之上,隐匿交融于受众之中,就更容易找寻到各种各样的传播方式,在传播者与受众的“同乐乐”中,让受众不知不觉地受到马克思主义大众化的感染。在这个方面,《人民日报》的一个微信公众平台“侠客岛”以及微信公众号“共青团中央”就是非常成功的示范。“侠客岛”被粉丝们昵称为“岛叔”“岛妹”,“共青团中央”被粉丝们昵称为“团团”,它们以一些社会典型热点事件为入口,以解构式话语进行阐述,不唱高调,不板脸孔,冷静幽默,精准客观地在点评中将社会主义主流意识形态传播出去,在潜移默化中完成了马克思主义大众化的传播。

三、媒体融合丰富了马克思主义大众化传播的形式

媒体融合使得马克思主义大众化传播的形式更加丰富。有这样一句话:报纸的数字化转型没有改变发表新闻的实质,却改变了人们的信息获取方式。[②] 以报纸的转型概括出了媒体融合进程中受众接收信息的渠道改变。新的大众传播模式就产生在旧模式的失稳中。[③]

互联网出现之前,人们公开发表自己的言论和观点,须借助于平面、音像媒体。出于适应舆情监管、行业竞争等方面的需要,媒体一般具有严格的准入制度和较高的制作要求。加之媒体数量、容量相对不足,大众意欲通过公共渠道实现自己的话语权并非易事。互联网的出现大大改变了这种情况,新闻、门户、主题网站雨后春笋般兴起,各类论坛争先恐后亮

---

① 媒体融合:最重要的是职业传播者与受众的融合[OL]. 中国干部学习网 . http://study. ccln. gov. cn/fenke/xinwenchuanboxue/xwxkdt/xwqygz/88212. shtml.

② 王正鹏 . 报纸突围——数字时代时代传统媒体变身记[M]. 广州:中山大学出版社,2010:82.

③ 胡正荣 . 传播学总论[M]. 北京:中国传媒大学出版社,1997:187.

相,闪客、播客的纷纷登台,不仅为大众发声提供了充足的空间,而且赋予其参与、管理现实和虚拟社会事务的权力。尤其是微传播的兴起,打造了个性化展示自我的平台,使个人媒体得以普及。以网络为代表的新媒体改变了受众接收和使用信息的行为习惯,传统媒体应利用好互联网技术,使新媒体传播优势为我所用,才能继续发挥其对公众舆论的导向作用,为人们提供优质的信息,进一步促进社会主义精神文明的健康发展,为实现中华民族的伟大复兴营造良好的舆论环境。新兴媒体还进一步降低了使用门槛,便于公众在政策允许的范围内随心所欲地实现话语权。因表达的是真情实感,故极易在其他用户间引起共鸣,从而坚定了微传播与生俱来的草根性。草根的地位被微传播提升到前所未有的高度,各地政府及官员纷纷开设微博,应对新形势的网络问政,在草根话语的海洋中,个人空间和公共空间的界限变得模糊,精英话语的感召力骤减。微传播让信息的传播速度超越了其他任何媒体,这大大增强了新闻的时效性和冲击力,能在短时间内引起广泛关注,为传播为分析、解决马克思主义理论从抽象到具体的矛盾提供了大量素材。①

① 张付等. 马克思主义传播研究 1[M]. 北京:中国传媒大学出版社,2014:225,221-223.

第五章

媒体融合中推进马克思主义大众化传播的基本原则

和谐的传受关系是一种需要与满足的关系。马克思主义大众化传播不仅仅是一种思想或主义的传递,还是一种解释理论、理论解释现实的过程,更是一种理论解决现实的实践。“传播还有很大的一类用途,我们称之为指导。”①“形成现代传播体系”是媒体融合的最终目标,“遵循新闻传播规律和新兴媒体发展规律”是实现目标的理论前提,“强化互联网思维”是指导思想。②

第一节 媒体融合中推进马克思主义大众化传播的指导思想

一、以马克思主义的传播观指导马克思主义大众化传播

马克思主义传播观是在具体历史背景下,通过对具体实践的分析体现出来的。借鉴并提炼他在对待传播上的态度,会发现他的传播观对我

① [美]威尔伯·施拉姆,威廉·波特. 传播学概论[M]. 陈亮,周立方,李启译. 北京:新华出版社,1984:36.

② 陈力丹. 解析中国新闻传播学[M]. 北京:人民日报出版社,2015:28.

们应用于马克思主义大众化传播上具有科学的指导作用。违逆马克思主义的精神进行的马克思主义大众化传播是行不通的。

马克思和恩格斯创立的唯物史观提出了社会交往理论,为我们从宏观上分析人类传播活动提供了科学的世界观和方法论。作为传播的精神交往活动,同样遵循生产关系一定要适应生产力发展的规律,具体说就是精神生产关系一定适应精神生产力发展的规律。在马克思看来,传播是伴随着资本主义全球化形成的一个生产、交换、分配和消费的活动,资本主义的生产体系就是一个庞大的传播网络。只有运用马克思主义唯物史观,把传播的概念和意义纳入社会生产和再生产的范畴考察,才能深刻地把握传播和社会之间的复杂关系,从而认清传播的社会本质。

交往是唯物史观的一个重要概念。交往是人类特有的存在方式和活动方式。物质资料的生产是人类存在和发展的前提和基础,人类所进行的物质资料生产活动都是在特定的生产关系下进行的,是以人与人之间的彼此交往为前提的,在交往中形成一个共同体进行改造世界的活动。交往反映的是人与人之间的社会关系。在社会生产过程中,人与自然之间也会发生各种形式的物质和能量的交流和互换,但它只是唯物史观交往理论的前提,唯物史观所说的交往主要是指人与人之间的交往。交往的主要形式包括物质交往和精神交往,后者是以前者为基础的,随着前者的变化而变化。交往的主体是具体的现实的人。在不同交往实践中,人可以作为主体也可以作为客体,简单地说人是主体或者客体是形而上学的观点,实际上在很多交往中人都是互为主体的,所以,主体间性这个概念可以更为准确地描述交往中人与人之间的复杂互动关系。

物质交往是马克思主义传播的物质基础,离开了物质交往实践,马克思主义传播就会失去存在的客观条件。精神交往揭示了马克思主义传播的实质在于以语言为媒介的人类精神文化成果的交往,这与传播学上讲的人类文化信息的传递有内在的契合性。物质交往是精神交往的根基,对精神交往具有决定作用。没有物质资料的生产,就不会有人类社会的三次大分工,精神生产者就难以从物质生产中解放出来,整体性的精神生产就无法产生,产生局部性的精神生产也不会获得长足发展。马克思主义大众化传播就是建立在一定的物质交往基础上的精神交往活动,没有物质生产的巨大发展,其传播要取得良好的效果和达到理想的目标是难以想象的。当代中国处于社会转型期,社会主义市场经济体制的发展导致经济生活的多样化,反映在精神交往中就是文化传播关系的多样化,不同传播主体都要求通过传播活动实现自己的经济利益和政治利益。媒体融合背景下马克思主义大众化传播是不同传播主体之间的文化价值观交往活动,必须建立在信息产业发展的基础上。如果不加快信息产业的发展,马克思主义大众化传播就会受到很大制约。精神交往对物质交往的反作用,可以推动物质交往的发展,甚至在物质交往发展到一定程度时,成为制约社会发展的先导性因素。当人类迈入信息社会的门槛时,文化信息的生产与传播成为人类社会发展的主要因素。面对文化信息传播多样化的现实状况,面对西方国家网络文化霸权主义的渗透和侵略,我们必须积极推进媒体融合背景下马克思主义大众化传播,始终坚持中国特色社会主义网络文化发展的正确导向,积极维护我国网络文化安全。

从我国主流意识形态建设现状来看,马克思主义大众化传播的形势不容乐观。维护主流意识形态的话语权是人类在阶级社会的一个不二法则,然而,任何意识形态如果走上了自我封闭和僵化的发展道路,其式微甚至消亡就是无法避免的。马克思主义交往理论把传播置于人类社会形态的总体结构中去考察,分析了精神生产对人类文化信息传播的独特作用,揭示了传播是人与人之间的文化信息的传递的本质内涵,把传播看作是人类思想、观念、意识、道德、政治、法律、宗教等意识形态的生产和传递过程,从这些文化信息的生产结构和生产过程中探寻传播的内在规律。总之,马克思主义的交往理论为我们考察人类文化信息的传播系统及其运行规律提供了基本的立场、观点和方法,指导我们树立科学的传播观,在研究传播问题时既要重视物质交往根基性作用,又要重视精神交往的独特作用,不能陷入片面的物质交往决定论和精神交往万能论。当然,马克思主义交往理论不能代替马克思主义理论传播学的研究,而是仅仅提供了分析问题的科学方法。

二、以传播规律为依据实践马克思主义大众化传播

遵循传播规律进行马克思主义大众化传播是马克思主义辩证唯物主义的要求。规律性不容违背,违背了客观的传播规律,马克思主义大众化传播便会受到挫折和阻碍。传播是由多要素及其相互关系组成的动态的有结构的信息流动过程。[1] 传播学形成于20世纪初至40年代的美国,当时新的电子媒体出现并对人类传播活动产生了革命性的影响,两次世界大战对传播提出了新的时代要求,与传播学相关的学科如新闻学、政治学、心理学、社会学、人类学等都有了充分发展,这些因素共同促进了传播学的产生。美国是当时世界上传播事业最发达的国家,存在着产生传播学的深厚的土壤。一大批欧洲优秀学者逃亡到美国避难,为传播学的产生提供了人才支持。所以,最早的传播学就诞生于美国,传播学的创始人是美国学者施拉姆。

历史上有这样一件事情。1933年,五十四岁的在普林斯顿大学任客座教授的爱因斯坦由于受到德国纳粹政府查抄和通缉,加入了美国国籍。当时加入美国国籍需要接受宪法知识的考试。美国的宪法是以1787年宪法为主体后又经过几次修正的,是美国至高无上的法律。爱因斯坦在学习美国宪法的过程中,认为美国宪法是"傻瓜都能看懂并执行的法律"。它非常浅显,非常易懂,非常明确,不神秘,即使是最没有文化的人也可以轻易理解并依据要求行事。这也能为我们进行马克思主义大众化传播提供一些启示,需要大多数人知晓的理论,形式上和表达上应该尽量地通俗和简单,并不能认为大众化的理论就会失去严谨性和科学性,相反,越是让受众能够理解并心悦诚服的理论,才更能彰显和发挥它的指导性作用,更显现其严谨和科学的特征。如同傻瓜相机,人人拿到手里都能轻而易举地使用,但是它的简单,正是由制造它的精密严谨的科技做支撑

---

① 胡正荣. 传播学总论[M]. 北京:中国传媒大学出版社,1997:165.

才能实现的。遵循受众对信息的接受规律,才能顺利让理论入受众眼,进受众脑,记受众心。在马克思主义大众化传播的实践中,顺应传播规律,是马克思主义大众化传播顺利进行和实现的保障。

三、以社会发展实际为参照创新马克思主义大众化传播

邓小平在英国培格曼出版公司为他出版文集时的自序中写道:"如果有一天这些讲话失去重新阅读的价值,那就证明社会已经飞快地前进了,那有什么不好呢?"这从一个侧面反映了社会发展的实际要求传播内容不断更新。

网络时代背景下,信息大量涌现,用信息泛滥来形容现代社会的信息量毫不夸张。马克思主义大众化传播一方面要否定社会差异,与受众达成共识;另一方面又要尽量保留社会差异,以便拥有不同社会体验的受众能从中获取属于自己的身份认识。[①] 马克思主义大众化传播者期待只通过对网络不良信息的把关过滤来达到阻止不良信息影响受众的方法已不可行,无论传播者以如何严密的方式和手段进行把关,网络环境下这让人叹为观止的海量的鱼龙混杂的信息也总会有漏网之鱼被受众接收。信息是无孔不入的,不良信息也不例外,而且不良信息往往是以消遣放松的形式被传播到受众面前,它比起正面的说教式的教育信息更具有吸引力和诱惑性,受众更易于主动寻求和接受这些并不利于现代社会中人们的世界观、人生观、价值观健康形成和发展的信息,因此,马克思主义大众化传播者要顺应社会发展的趋势,采取更灵活的手段和方式,增加隐性把关的意识,变对网络中不良信息的处理为对受众思维方式的加固和改变为主,加强传播内容的建设,内容为王是关键。信息是不确定性的减少,是"一种情况下能够减少或消除不确定性的任何事物,它是人的精神创造物。"[②]选择马克思主义大众化传播的具体内容载体,解决以什么样的传

---

① 李春会. 传播视域下的马克思主义大众化[M]. 北京:人民出版社,2013:169.

② 胡正荣. 传播学总论[M]. 北京:中国传媒大学出版社,1997:97.

播内容来承载马克思主义大众化内容的问题。对媒体来说,内容创新、形式创新、手段创新都重要,但内容创新是根本的。要多深入基层、深入一线,了解第一手材料。要善于观察,在众多材料中发现好材料,找到反映时代精神、能够引起广泛共鸣的材料。要善于思考,深入发掘好材料的内涵,梳理和阐发好材料中蕴含的隽永的精神和深刻的道理,运用丰富的新闻语言、形式、方法、技巧创作出精品力作来。

“马克思主义不是死的教条,不是什么一成不变的学说,而是活的行动指南,所以它就不能不反映出社会生活条件的异常剧烈的变化。”①“大量事实证明,思想文化阵地,马克思主义、无产阶级的思想不去占领,各种非马克思主义、非无产阶级的思想甚至反马克思主义的思想就会去占领。”②如果传播者没有考虑到社会发展的实际情况,忽略了受众所处于的生活背景,就会影响受众的接受效果。传播内容不能突出社会的热点和人们关注的焦点,理论内容不能运用大众化的语言来剖析和解释老百姓现实生活问题,就会使理论传播内容与实践相脱离,与社会生活相脱离,不能引起受众的注意和兴趣,这就减少了受众接受的可能性,进而大大地影响到传播的实效性。因为人民大众往往从他们关切的利益问题出发,以一种理论的实践效果和经验感知为根据,来决定是否接受一种主义或理论。

1942 年 5 月,毛泽东同志在《在延安文艺座谈会上的讲话》一文中就谈到了通俗化的问题,他说:“许多同志爱说‘大众化’,但是什么叫作大众化呢?就是我们的文艺工作者的思想感情和工农大众的思想感情打成一片。而要打成一片,就应当认真学习群众语言。如果连群众的语言都有许多不懂,还讲什么文艺创造呢?英雄无用武之地,就是说,你的一套大道理,群众不赏识。”③

---

① 列宁选集 2 卷[M]. 北京:人民出版社,第 3 版,1995:281.

② 江泽民. 论党的建设[M]. 北京:中央文献出版社,2001:438.

③ 毛泽东选集 3 卷[M]. 北京:人民出版社,第 2 版,1991:851.

第二节　根据媒体融合新特点适时调整马克思主义大众化传播方式

马克思这样说过："社会变了样，社会生活作为崭新的元素出现了：文学、政治、科学，所有这一切现在都深入到家庭中去，家庭却很难安置所有这些陌生的客人。家庭里旧习惯还太深，当然要发生家庭的更新，经历一个痛苦的过程，旧式家庭确实需要这样一个过程。……的确，老年人非常抱怨年轻人，青年人也确实很不听话。可是，让青年人走自己的路吧，他们会找到自己的道路的。谁要是迷了路，那只能怪他自己。……谁害怕思想之宫所在的密林，谁不敢持利剑冲进密林又不敢以热吻唤醒沉睡的公主，谁就得不到公主和他的王国。……不要害怕开动脑筋，因为只有这样的热情才是真的热情，它像苍鹰一样，不怕思辨的乌云和抽象顶峰的稀薄的空气，朝着真理的太阳飞去。"①

媒体融合改变了媒介和受众，从而要求传播者和传播过程、传播内容、传播方式都要随之进行调试和改变。要达成各个传播环节的互相适应互相促进。在传播媒介飞速进步，受众接受方式、个人意识有了巨大变化的情况下，传播者必须调整传播观念，改进传播过程、调整传播内容和方式，观念不能滞后于技术的进步，而是要达到二者的有效配合，不能形成相互制约，而是要在良性互补中实现共同进步。

一、分受众设计马克思主义大众化传播的内容

传播学中的"知识沟"理论认为，大众传播的信息传达活动无论对社会经济地位高者还是低者都会带来知识量的增加，但由于社会经济地位高的人获得信息和知识的速度大大快于后者，随着时间的推移，最终结果

---

① 马克思恩格斯全集 41 卷[M]. 北京：人民出版社，1982：171－175.

是两者之间的知识鸿沟不断变宽,差距不断扩大。“知识沟假说”认为,“知识差距的假说包括三个变量:在特定社会环境中的大众媒体宣传程度、个人教育程度和知识水平。”①以大众传媒针对马克思主义的思想教育为例,当大众媒介在一段时间内大量宣传这类的内容,其效果往往就是教育程度较高、曾经对这一领域有较多关注、社会地位较高的人群会吸收更多的宣传知识,相比之下那些被期望能对这一领域有更多关注的低教育人群反而不能达到更好的传播效果。马斯洛的需求层次理论指出人首先满足最基本的底层需要,继而才会去满足更高层次的需要,那么对于生活水平较低的人群来说,马克思主义这类理论知识的学习往往就会降为次等追求。②

“在媒介融合的背景下,受众地位已经从被动向主动转变,已经不满足于传统媒介单一向度的受传关系,更追求双向互动的平等传播关系,已经不满足于信息同质的大众化传播,更喜欢提供适合小众和个性化的信息服务。”③这提示我们在进行马克思主义大众化传播时要准确把握受众在传播环节中的主动性地位。德弗勒(1975)将受众的“个人差异”主要分为以下五个方面:第一,个体心理结构是形形色色的、千差万别的;第二,个体的先天禀赋与后天习性是各不相同的;第三,个体在认识客观环境时所形成的态度、价值观与信仰是不同的;第四,由于后天习得的不同,导致人们在感知与理解客观事物时的倾向性是各不相同的;第五,由于对客观事件的理解不同而形成的稳定见解造成了人们对大众传播媒介内容的接受、理解、记忆、反应的差异。这些不同或差异决定了受众不是一个笼统的概念,而是诸多的具有差异性的个体,大众传播对于这些具有差异性的个体来说其效果也并不一样。个体差异论告诉我们,在传播过程中要特别重视个人心理因素对媒介信息接收行为的影响,在进行大众传播

---

① 转引自[美]塞西尔·加齐阿诺《知识差距:对媒体效果的分析》,常昌富、李依倩选编.大众传播学:影响研究范式[M].关世杰等译,中国社会科学出版社,2000:325.

② 李春会.传播视域下的马克思主义大众化[M].北京:人民出版社,2013:89-90.

③ 许颖.从5W模式看媒介融合的“融合”与“细分”[J].国际新闻界,2008(6):70-74.

前，首先需要弄清楚受众的兴趣、爱好、需要、态度、信仰、价值趋向、教育程度和接受能力等，再挑选与之相应的传播信息和传播方式。否则，与受众个性和需求不符合，传播就会遭到回避和拒绝。[①] 时代背景发生了变化决定马克思主义大众化传播也应该做出调适。马克思主义传入中国以及之后的很长一段时期内对于马克思主义的精英传播、集中传播之所以体现出强大的生命力和影响力，是因为当时中国急需改变现状的客观条件，以及广大群众的知识水平、综合素质都较低，由上而下的知识流动水到渠成，越权威性和说服力很强。现阶段，不能把群众当成理论工作者来做要求，定位受众群体要准确。对于马克思主义大众化传播的受众来讲，要考虑不同层次受众的接受能力设计不同层次的内容。传播内容的针对性可以根据积极的受众与消极的受众两类来涉及划分。

（一）面向积极受众的传播

主动搜寻马克思主义信息的积极受众是集中的马克思主义大众化传播信息的主要接受者，他们有对马克思主义理论的主观需求，会主动去找寻和搜索马克思主义理论的内容不断提升自身的理论水平，对他们来说是一种积极层面上的需求，而不是消极的灌输和宣传。在对于这部分积极受众的传播上，马克思主义大众化传播者需要制作严谨精良的传播内容，用显性传播、集中传播的方式，通过出版理论性较强的书籍、开辟报纸杂志理论专栏，开设专题性讲座，制作理论普及的电视节目、开设马克思主义理论网站等方式满足其对马克思主义大众化传播搜寻的需求。如“理论热点面对面”系列通俗理论读物从 2003 年开始每年出版一本，深受读者的欢迎和好评，发行量已达一千多万册。其中《七个“怎么看”——理论热点面对面 2010》《从怎么看到怎么办——理论热点面对面·2011》《辩证看 务实办——理论热点面对面·2012》《理性看 齐心办——理论热点面对面 2013》，一直到 2018 年的《新时代面对面》，直面当前实践中的热点难点问题，切实回应干部群众的理论关切。再如文献

① 李春会．传播视域下的马克思主义大众化[M]．北京：人民出版社，2013：114.

纪录片、理论宣传片等的播出，2013年北京电视台联合首都社科理论界权威专家学者共同打造的大型电视系列片《正道沧桑——社会主义500年》，展示社会主义500年从空想到科学，从一国实践到多国发展，历经高潮与低潮、成功与挫折，跌宕起伏、波澜壮阔的历史进程。

另外在积极利用互联网渠道，办好重点综合性新闻网站理论频道的同时，还创建一大批思想理论类网站。以重点综合性新闻网站为骨干，各级党和政府网站、知名商业网站等积极参与、共同推进的马克思主义网络宣传教育的格局已逐步形成。其中，光明网等一批中央重点新闻网站的理论频道和理论网等一批思想理论类网站发展迅猛，成为党和国家重要的马克思主义网络理论阵地和思想文化建设的中坚力量。①

（二）面向消极受众的传播

对于面向消极受众的马克思主义大众化传播，传播者要积极拓展传播渠道，改进传播形式，以适当的形式内容承载马克思主义大众化内容。专门研究语言符号的艾伯特·梅热比提出一个公式：沟通双方相互理解 = 语调（38%）+ 表情（55%）+ 语言（7%）。②

1. 消极接收信息的受众

消极、被动接收马克思主义相关信息的受众，他们虽却不排斥，但也不会愿意刻意去寻找马克思主义方面的知识。这类受众在总体中占据较大比例，是马克思主义大众化传播者需要重点争取的群体，对待这类受众，传播者要在日常的传播上精心编辑安排内容，利用好日常休闲娱乐性信息这个平台和载体，将休闲性娱乐性的受众乐于接收的信息当作马克思主义大众化传播的隐性资源。马克思主义大众化传播需要让受众了解马克思主义的基本理论，了解我国社会发展实践中党和人民群众创新马克思主义的成就，领悟马克思主义的精神内涵和方法论，马克思主义的世界观、人生观、价值观，坚定社会主义意识形态，靠直接的宣讲效果并不会

① 崔耀中．中国马克思主义大众化研究历史进程和基本经验［M］．北京：中国人民大学出版社，2013：314－321.

② 胡正荣．传播学总论［M］．北京：中国传媒大学出版社，1997：115.

很尽如人意。有很多好的内容资源,发布后最应该最需要接触的受众往往最不愿意主动去接收。迂回前进,以其他较为轻松的内容为引入载体,激发受众兴趣,再慢慢升华,让受众平缓过渡接受,尽量消除生硬违和感。如“年度道德模范”的颁奖仪式,每个道德模范的事迹都让人深受感动,触及灵魂深处。有个老教授弥留之际为了不让自己的一些能为国家发展有利的技术知识试穿,强忍病痛硬是在去世前全部写了下来,有人劝他休息好了再干,他却说不行,必须趁清醒的时候尽可能多地记录下这些资料,他怕一休息就忘掉了,宁可不要生命,也心心念念想着国家的发展和前途。这是非常生动优秀的可以体现马克思主义精髓的显性传播资料,适合于面向积极受众的传播。再如以优秀的影视作品为载体,2015 年播出的《历史转折中的邓小平》,通过回顾邓小平在改革开放前后的曲折经历,以微观带宏观,从细节现全局展现了中国社会发展的曲折、人民群众的不屈不挠精神和马克思主义理论在实践中的运用及创新发展,情节生动感人,是马克思主义大众化传播的优秀素材。更大程度上,马克思主义大众化传播的不是具体的内容,而是其核心理念,是科学的思维方式和认知态度。

要在不宣传马克思主义中达到宣传马克思主义的效果。传播者自身要走在流行的前端,不要轻视网络上经常翻新出现的各种新鲜消息或情感表达形式,这是拉近和受众距离的非常有效的桥梁。如习近平总书记常在讲话中用各种网络流行语,让受众感觉亲切,距离感大大减少,使得他的讲话在民众中尤为具有说服力。

2. 拒斥信息的受众

这类受众思想呈现出排斥的特点,对马克思主义信息有抵触和对抗情绪,热衷于同主旋律唱反调,攻击党和国家的政策,对社会不满较多。这类受众的观点行为比较难以改变。要给他们提供正反两说的平台,不动声色地接近和潜移默化地影响,用时间上的浸润将其沉默进而说服改变。对于马克思主义理论,不学习就不会真正了解其实质,越不了解就越容易曲解,越容易产生逆反心理。[①] 如果受众认为大众媒介所宣传的马克思主义思想与其生活相关则会主动接受,反之则可能拒绝接受甚至抗拒。人们通过大众媒介一般是加强自己已有观点,而不是改变其信念。[②] 因此对受众的定位要科学,隐性传播为主。受众大都具有逆反和从众心理且有自己的选择性接受、理解、记忆模式。传播学者施拉姆研究建立了一个公式:选择的或然率 = 报偿的保证/费力的程度。对于消极受众的传播初期,需要从顺应和满足其容易接受的低层次内容形式开始,循序渐进,不能操之过急。受众自身对马克思主义大众化内容的接受能力、接受程度与传播内容之间的间距不能过远,传播者不能操之过急,应台阶式、渐进式地对内容进行不断丰富和调试,以适应受众接收规律和接受水平。再以优秀电视作品为例,2015 年热播的电视剧《琅琊榜》,以其明星阵容和精彩剧情获得了受众的一致好评,受众喜欢看,对它的认同,对剧中演员的认同,也就会在潜意识中对作品所想要表达出来的理念、思想和价值观认同。在这部作品中体现出来的是社会主义核心价值观,深沉的家国情怀,同时由于对它的喜爱,还会关注有关于它的其他信息发布。传播者就可以借力,将马克思主义大众化的精髓融于关于它的信息中传播出去。群众喜爱,就会积极认同并接受这种隐性马克思主义大众化的传播,提升个人的思想境界,达到潜移默化中的马克思主义大众化传播要求。

而对于负面信息的消解,传播者不能一味取缔屏蔽,可以拿出一部分典型的负面观点来组织讨论,真理越辩越明,比直接推翻负面观点更让人信服。传播学的预防接种理论认为,就像人体成长在无菌环境,对细菌无抵抗力一样,人的信息、思想如果未经过锻炼和考验,一旦受到攻击,如反面宣传,便无力抵御而被冲垮。要增强人身体的抵抗力,一种方法是滋补,即给予营养、锻炼、休息等,另一种方法是接种,让他接触到弱性细菌以刺激其抵抗力。要增强人思想上的防疫力,要使用滋补法,即让一个人

---

① 商志晓. 马克思主义大众化研究[M]. 济南:山东人民出版社,2013:34.

② 胡正荣. 传播学总论 [M]. 北京:中国传媒大学出版社,1997:267.

事先接触支持其基本信念的论证,更要使用接种法,即让一个人事先接触一种弱性的、为刺激其防卫的反面论证,并且在实践过程中证明,接种法比滋补法更有效。要在马克思主义大众化传播中要把握先机抢占先机,处理任何事件都要努力争取第一时间,把握住让受众“先入为主”的机会。人们只有将个人的生活与社会的历史这两者放在一起认识,才能真正理解它们。然而,人们一般不是根据历史的变迁与制度的冲突来确定他们所遭受的困扰,不将自己所享受的幸福生活归因于他们所处社会的大规模的起伏变动。①

群众需要马克思主义大众化,不论是积极的受众或是消极的受众,客观上都需要马克思主义大众化的洗礼和提升。尤其是消极受众,由于对马克思主义的认识较浅,知晓匮乏,更需要通过大众化的马克思主义对其思想和观念进行整合和重构,以牢固其立场,坚定其精神,树立其信仰。对文化水平高的受众,信息编码周密严谨,可以偏重说理,注重理性分析,信息量可以大一些;对文化水平低的受众,信息编码则应简明扼要,要以事说理,偏重情感,注重感性升华。忽略了受众的接受能力,受众就会产生逆反心理。推进马克思主义大众化传播要实现传统媒体与现代媒体的深度结合,凡是有我们的媒体覆盖的地方,就要让党的声音进入千家万户,实现党的路线、方针、政策广度和深度的覆盖和普及,让大众切身感受到马克思主义理论的实践魅力。

二、分领域采取灵活的马克思主义大众化传播方式

马克思主义要“大众化”离不开马克思主义信息来源和传播渠道的多样化。以作战为类比,传统方式下的马克思主义大众化传播就好像是阵地战和攻坚战,集中兵力作战,以攻克或保卫某一个特定的区域为目标,死守或死攻,以守住或者攻克这个区域为最终胜利的判断标准。但这

① [美]C·赖特·米尔斯普. 社会学的想象力[M]. 陈强、张永强译. 上海:生活·读书·新知三联书店,2005:1-2.

种作战方式的作用也是要因时因地,随着客观条件的变化而改变的。如抗日战争时期,我们的军队数量和武器质量都无法与日本相比,国民党在正面战场的阵地战屡屡失利,这时共产党若忽视客观形势,一味蛮干也将兵力投入正面战场,则会耗费掉为数不多的有生力量,使战争的形势更加恶化,对中国方面更加不利。在马克思主义的指导下,共产党没有将当时并不占优势的兵力投入正面战场的直接对抗中,而是转而采用灵活的游击战,隐没到敌占区,在敌人后方给予破坏和抗击,敌进我退,敌退我扰,不计较一城一地的得失,在战略地区范围内大踏步前进和后退,牵制日方军力,将其变主动为被动,放弃部分城地将敌人引入我们较为有利攻击的地区,分散隐匿在各处各个击破敌人,在敌后方给日方造成了极大的困扰,有力地打击了日方并配合了国民党的正面战场的抗战,极大减轻了正面战场的压力。虽然有时会有地域上的损失,但保存和扩大了人民军队,将红色的革命火种播撒到了更加广泛的地方,在游击战中也收获了更多的民心,争取到了比一城一地更加宝贵的庞大革命力量,成功将日军陷入庞大的人民战争海洋。在这种环境中,即使日军占领再多的城市,也只能是表面上的胜利。而媒体融合的背景下,社会大环境、传播环境、受众、信息量等要素的改变,都昭示着阵地战和攻坚战的不灵活,更适合的方式是将传播力量分散到人民群众中去,进行随时随地的潜移默化的持久战和游击战。

(一)时效性媒体

1. 广电系统

选择广电系统的受众群体数量较为可观,广播电视媒介在形成当代价值观和社会意识的“主流”中,发挥着重要作用。到目前为止,广播电视媒介的受众群体绝对数量不容小觑,且广电媒介具有纸媒和网媒不可取代的特点,它不需要接触印刷媒介所必需的识字能力,也不需要操作网络媒介所必需的技术能力,信息相对易获取,因此其渗透性依旧非常广泛,无论儿童、低学历者以及贫困阶层都可以轻易接触。广电传媒的这些特点,使得它发挥着历史上其他媒介所未曾有过的巨大威力。因此需要满足各种类型受众的要求,把握住更广泛传播的机会,细分频道栏目,显性隐性传播同时具备,满足不同需求受众群体。

2. 报刊系统

报刊的发行在日益受到新媒体的挤占和压缩,受众比率处于下降趋势,但绝对的受众数量也不容忽视。可以改变传统发行方式,调整内容结构,发挥具有深度解读、观点引领的优势,进行适应人们新的生活工作方式的精英化、小众化传播,满足知识构成水平较高人群的需求。如地铁、车站内的自助打印报纸系统,适应现代上班族的碎片化时间需求,延续内容上的深入解读、适应精英化阅读的传播学习模式。

3. 依托于网络技术的媒体系统

依托于网络技术的媒体在要尽可能精准传递用户所需要的信息,加强搜索、订制、订阅、推送等功能的开发,为依托于网络的媒体在进行信息传递中开辟有效渠道,便捷用户主动搜索、订制,细分受众,走专业化道路,让信息从广播变成更精准的窄播,在保证信息达到率的同时,提升信息在网络用户端的使用价值。同时与传统媒体结合,利用传统媒体信息内容优势,利用各种新的技术手段,开发互动平台。网络的特点要求必须加强监控把关,在这个前提下,对传播进行规制。传统媒体的内容要适当转移到网络媒体上,并在这个过程中对内容的表达方式做出适合网络传播的具体调整,如语言表达方式的网络语言化等,以期拉近与受众的亲近感,得到更多网络受众的关注。

(二)出版系统

出版社可归为常效性媒体。文化产品要更注重社会效益,强调其精神属性,要给人以向上向善向美的精神力量。因为文化产品作为商品具有特殊的属性,它的作用更多的不是体现在其物质属性上,而是体现在其精神属性上,出版物是能够作用于人的灵魂的精神产品。因此,在马克思主义大众化的传播上,出版系统既要在专业书籍领域抓精推优,也要重视把关非马克思主义专著类的书籍的编辑立场和导向,当出版文化产品的经济效益与社会效益发生矛盾时,必须遵从经济效益服从社会效益、市场价值服从社会价值的原则，越是深化改革、创新发展，越要把社会效益放在首位，要为人民群众提供丰富健康的精神食粮。国家应进一步出台细化措施，完善引导激励机制，加强原创和现实题材创作，努力创作生产更多传播当代中国价值观念、体现中华文化精神、弘扬中华优秀传统文化、反映中国人民奋斗追求的优秀文化产品。

（三）社会生活系统

作为马克思主义大众化传播主要渠道的补充，单位、社区、家庭及个人的辅助传播也是十分必要的。相对于学校、国家政府宣传部门、主流媒体的总攻式传播，单位、社区、家庭、个人的辅助传播就像是填充和和融化装满冰块的容器的温水，起到对宏观传播填补和内化吸收功用。在群众日常的生活工作中，这些具体的辅助渠道可以不失时机地填补马克思主义大众化传播主渠道的缝隙和空白，在不经意中将马克思主义的抽象理论通过实践的转化融于生活，促使群众对于理论的吸收和理解，催化理论内化于心和外化于行的实效发挥和显现。

需要注意的是，这里的“个人”概念不是指任何一个群众，而是指那些作为马克思主义大众化传播群体整体中一分子的个人。这些个体成员就像一个个细胞一样，集合在一起能够完成整体的传播功能，分散开来也不能浪费自身的效用，也应该不忘使命，在各自的活动区域范围内、自身能够实施影响的领域内继续体现和施展自己的能力。因为对于从事马克思主义大众化传播的个人来说，工作不仅仅是单纯的谋生职业，更体现出的是一种社会使命、历史使命，体现出一种社会进步、历史延续、国家发展、人类解放的高尚情操和情怀，以及个人为国家时刻准备着、时刻努力着的事业热情。若马克思主义大众化传播者大部分都能具备这种觉悟和热情，那么主流意识形态的火种便会播撒得更远、更深、更广阔。马克思主义大众化传播者本身只有接受了更高水准、更深层次的教育，自身具有更为坚定地为社会主义事业奋斗终生的信念，对主流意识形态有更清醒、客观、科学、完整、系统、准确、正确的认识和理解，才能不仅在为受传播者进行更清晰的解释，更在自己与他人的接触相处中实现以自身的思想影响他人，以自身的行为感染他人，以自身的意识去打动他人，以自身思辨的方式去吸引他人。卢因的“场论”“群众动力论”认为，一个群体是一个场而不是个人的简单叠加。当一个场形成，便会散发出一种聚拢的力量和集体的观念，处在场内的人们或自觉或不自觉、或主动或被动地会去遵循这个场的沉默规则。类似“沉默的螺旋”。拉扎斯菲尔德认为，受众不是彼此隔绝的抽象个体，而是在现实生活中与其他人共同生活、互相影响的。[①]

三、进一步强化传播主体间的协同配合

当代中国马克思主义传播者是一个由众多力量构成的群体，主要包括党、政、军、高校的马克思主义理论工作者，以及其他各种社会组织和个体层面上的传播主体。其中，中国共产党处于组织领导核心的首要地位，高等学校教师是关键力量，其他系统的传播主体是重要力量。过去，当代中国马克思主义大众化传播往往是各个系统孤军作战，传播资源的利用效率低，传播效果不够理想。传播主体整合取得了重大成就，形成了新的传播平台。现在，我们要继续利用好先用平台的基础上，积极利用网络技术把各种传播平台的传播力量整合起来，形成各种传播主体间的传播沟通价值和资源共享机制，可以形成更为强大的传播合力。[②]

“无论是20世纪初至30年代末的‘魔弹论’、40年代至60年代的‘有限效果论’，还是70年代至今的‘强效果论’，都有一个潜在的假定，即传播者与受传者之间是影响与被影响的关系。……‘有限效果论’发现了一些传播者与受传者之间的‘缓冲’因素，认为这些‘缓冲’因素极大地削弱了传播者的说服、影响、告知能力。‘强效果论’则认为从长期、宏观上看，受传者难以逃离传播者的说服、告知、影响甚至控制。……传播者和受传者是影响与被影响的关系：传播者力图将自己的信息、观点、意

---

① 胡正荣．传播学总论［M］．北京：中国传媒大学出版社，1997：51.

② 刘基，苏星鸿．网络境遇中当代中国马克思主义大众化传播问题研究［M］．北京：中国文史出版社，2014：68.

图、'传'且'通'至受传者。"[①]接受者在接受理论之后,他们可以又转化为传播者,成为新的传播主体,把理论传播给新的接受者,即马克思主义大众化的一些思想和信息被接受主体接受并进一步传递和发布,那他就成了新的马克思主义大众化传播主体,这正是我们期望达到的目标。

(一)发挥整体在马克思主义大众化传播中的主流舆论引导和潜移默化的渗透作用

对于为求得关注度和实用利益而出现的各种鱼龙混杂的信息,分布在党政军部门、大众传媒、教育机构等各处的马克思主义大众化传播者要起到主导、引领、保持的作用。不要比传播速度、内容的猎奇性、吸引眼球程度,而更要保持自身的立场,冷静、理智、客观,更加以责任感和公信力为重,保持业界权威性和话语真实度。在保持自身纯洁性的同时,做好媒体融合的工作,调整方向,将自身的影响力涉及新媒体,控制和引导无序的网络传播环境。通俗化绝不是理论的庸俗化。通俗化是在保持理论科学精神的前提下进行的,庸俗化则把理论简单化、形式化,有悖于理论的科学性。艾思奇认为,"'庸俗'两字的意思,本来是指流俗的、浅薄的、错误的见解,并不是说用语浅显,就会庸俗起来。"[②]列宁曾经指出:"庸俗化和哗众取宠绝非通俗化。通俗作家应该引导读者去深入地思考、深入地研究,他们从最简单的、众所周知的材料出发,用简单的推论或恰当的例子来说明从这些材料得出的主要结论,启发肯动脑筋的读者不断地去思考更深一层的问题。通俗作家并不认为读者是不动脑筋的、不愿意或者不善于动脑筋的,相反,他认为一个不够开展的读者也是非常愿意动脑筋的,他帮助这些读者进行这种艰巨的工作,引导他们,帮助他们迈开最初的几步,教他们独立向前走。在庸俗作家的眼里,读者是不动脑筋和不会动脑筋的,他不是引导读者去了解严肃的科学的初步原理,而是通过一种畸形简化的充满玩笑和俏皮话的形式,把某一学说的全部结论'现成地'

① 丁汉青. 重构大众传播中传播者与受传者之间的关系——"传"、"受"关系的生态学观点[J]. 现代传播,2003(5):27-30.

② 艾思奇. 大众哲学[M]. 北京:人民出版社,2006:2.

奉献给读者,读者连咀嚼也用不着,只要囫囵吞下去就行了”。[①]

从抽象的理论到理论的通俗化绝不是理论的简单再现和还原,而是一种艺术化的再现理论精神实质和内涵的过程。以通俗化阐释和传播理论时,一定要做到理论的精神实质不能失真,科学内涵必须得到完整、准确的展现。通俗化的传播同样要达到对认识对象本质性和规律性的认识,而且要使这种认识更加易于被接受。理论通俗化自始至终贯彻着缜密的、科学的理论思维。当然,这种展现是生动的、具体的,是有利于在人民群众面前展现理论的彻底性,展现理论的魅力的。在此过程中的以感性形式出现的形象或具象已经不再是片面的、孤立的感性认识,它意味着一个飞跃,体现的是专业化的要求。也就是说,实现由理论术语向大众话语的转换,要在马克思主义宣传教育中做到深入和浅出、通俗和准确的统一。

历史经验表明,对马克思主义庸俗化的理解,不但不能推进马克思主义大众化,而且会极大地破坏马克思主义的完整性,有损马克思主义的形象,违背马克思主义大众化的初衷。例如,“文化大革命”时期在毛泽东思想的学习普及中,出现了庸俗化、简单化的现象,“红宝书”不离手、毛主席语录不离口,连日常生活琐事也要背毛主席语录,使大众化走入歧途,也影响了毛泽东思想的声誉。因此,通俗化要坚持马克思主义的科学性,在坚持马克思主义的基本立场、观点和方法的前提下,全面、正确地灌输马克思主义,避免因片面追求通俗而造成的对马克思主义理论及其科学精神的背离。[②]

马克思主义大众化传播必须以党的历史使命为己任,在任何时候都要谨记对于马克思主义大众化传播的任务和要求。在马克思主义大众化传播的各个环节上,一定要把握先机、抢占先机,处理任何事件都要努力争取第一时间,把握住让受众先入为主的机会。就像每个人心里都有爱

---

① 列宁全集5卷[M]. 北京:人民出版社,第2版,1986:322 - 323.

② 崔耀中. 中国马克思主义大众化研究历史进程和基本经验[M]. 北京:中国人民大学出版社,2013:417 - 418.

国的种子深种着,它有可能因为日子的重复机械,生活的平平淡淡,工作的忙忙碌碌而被忽略,甚至会由于个人受到一些不公正的对待,看到一些灰暗现象而被压制。但是他永远不会消失,智慧爱得越来越深沉殷切。一系列的情感,都是对祖国太过执着的期待而产生的。抱怨、恨铁不成钢这些由爱而生的负面情绪,也让人迷失了自我的真实情感,仿佛自己对这个国家已经失去感情了,但可能吗?批判是为了我们的社会变得更加美好和谐,而不是相反。在感情上与人民群众打成一片而不是与圈子内的人打成一片,这样才能谈得上理论的大众化。[①] 只要一个涉及祖国荣誉的事件出现,所有人都不会沉寂,都会第一时间挺身出来拧成一股绳,汇成一股力。我们身体里流着华夏的血,躯体中驻着中华的魂,脚下生着炎黄的根,胸膛里跳动着中国的心。

恩格斯说过,一个民族要想站在科学的最高峰,就一刻也不能没有理论思维。[②] 社会中确实存在大量未解决的令群众不满的问题,一些群众的负面情绪得不到消解,带着负能量去偏听偏信,并放大和自身体验相似的信息。对此,不能视而不见,要尽力满足群众的合理要求,接受合理意见,要以启发、引导为主,一针见血找到问题关键点和突破口,简明扼要地提点受众。只有这样,才能贴近群众,创造条件,打好基础,有利于马克思主义大众化传播的进行。斯大林在《在党的第十八次代表大会上关于联共(布)中央工作的总结报告》中做过这样的表述:“在国家和党的任何一个工作部门中,工作人员的政治水平和马克思列宁主义觉悟程度越高,工作本身的效率也越高,工作也就越有成效;反过来说,工作人员的政治水平和马克思列宁主义觉悟越低,就越可能在工作中遭受挫折和失败,就越可能使工作人员本身庸俗化和堕落成为鼠目寸光的事务主义者,就越可

① 刘基,苏星鸿. 网络境遇中当代中国马克思主义大众化传播问题研究[M]. 北京:中国文史出版社,2014.

② 马克思恩格斯全集 3 卷[M]. 北京:人民出版社,1960:497.

能使他们蜕化变质——这要算是一个定理。”①因此，媒体工作者在传播马克思主义大众化过程中必须要注意技巧，拓展多种渠道和方式，利用各种形式为载体，不能单纯为传播而传播，不仅要进行理论传播，更要用行为来示范传播。

马克思主义大众化传播，有利于人民群众更容易地感受和理解社会的发展，让马克思主义理论更容易地为人民大众理解、接受和运用，使人民群众更有信心、更有动力地融身于推进中国特色社会主义现代化建设的队伍当中。马克思主义“化大众”的过程离不开媒体的引导和宣传，在马克思主义大众化传播的过程中，如果媒体发挥好自身的传播作用，便可以成为马克思主义大众化在群众中的导航器、风向标和指南针。

如果认为人民群众只有通过纯粹马克思主义的文本教育这条直路，才能获得精神上的提升那就是最大的错误。马克思主义与其他专业学科相比具有特殊性，它不仅是一门学科，一个专业，一种知识，更是一种品德的传承，是人格塑造不可或缺的价值支撑和精神力量。经过马克思主义武装的头脑，与马克思主义融于一体的思维，是作为社会人的每个个体能够健康而全面发展的动能。

马克思主义不会自生在群众头脑中，而必须要依靠外界的灌输。列宁在《怎么办》中论述了灌输原理，提到社会主义思想不可能自发地形成。列宁还论述了没有革命的理论，就不会有革命的运动，思想理论都证实无产阶级取得胜利的重要条件等基本观点。但社会主义思想仍然不可能自发地形成。因为社会主义思想同任何科学的思想理论一样，不是日常生活实践的产物，而是在吸取前人思想成果的基础上，运用科学的思维方法，对实践经验进行科学总结的结果。因此，“以科学的理论武装人”，依然是马克思主义大众化传播的重要任务，而社会主义思想理论的本性则决定了坚持“灌输”的必要性与重要性。因为社会主义思想是同任何

① 教育部社会科学研究与思想政治工作司主编．马克思主义大众化传播著作导读[M]．北京：高等教育出版社，2001：198.

其他科学的思想一样,是一种科学的理论体系,而不是人们在日常的生活工作中自然而然就能得到和学会的东西。社会主义思想是运用科学的思维方法,在吸收、凝聚和升华前辈思想家们的理论成果的基础上,对社会历史实践经验进行科学总结的结果。因此,“以科学的理论武装人”仍然而且必须是舆论传播的重点。这提示我们,在马克思主义大众化传播中坚持“灌输”原则具有必要性与重要性,而媒体已经渗透进人民大众的生活中,是群众接收思想传播的重要渠道,必须要重视和利用好媒体对于马克思主义大众化传播隐性和广泛的优势。

新媒体在某些方面会比主流媒体更容易被受众接受,群众有时宁可相信网络媒体或小道消息对社会问题的负面解读也不相信主流媒体对社会现象的科学正面报道。这除了受众在生活中对负面社会情况的体验而增加的对正面报道的不信任、对与自身体验趋同感更强的负面报道有共感之外,也在一定程度上体现了主流媒体的公信力受到质疑。这反映出社会在马克思主义大众化传播方面还做得不够,还有所欠缺。没有用马克思主义武装好群众,没有在思想上给群众树立和奠定马克思主义价值观的绝对领导地位,以至于群众在接收信息时容易被噪声动摇,不去做科学判断就盲目相信,或以猎奇心理和心态专门追求和搜寻非主流的负面消息,并为满足自身的心理体验而选择性相信,不顾及事实真相。不经调查得出确切结论,而一味追求社会关注度制造噱头引发社会公愤,扰乱社会秩序,混淆群众认知和判断。类似的还有许多朋友圈内传播的各种对社会现状的负面、消极、不实、夸大的解读在混乱着和错误指示着人们的判断力和价值观。不同的宣传方式有不同的效果,一味追求经济利益吸引受众关注度,迎合受众低速猎奇的趣味,只能是饮鸩止渴。

(二)增强传播者个体的传播意识

一部分马克思主义大众化的传播者也不能很好地认识和掌握马克思主义的理论内涵,而往往流于字面,解释空洞,抽象演绎理论,反而更加造成了受众的反感与不满,如果受众认为大众媒介所宣传的马克思主义思想与其生活相关则会主动接受,反之则可能拒绝接受甚至抗拒。

马克思主义大众化传播者要有“大传播”和“传播分子”理念，每个传播人都是一分子，从踏进传播行业的一刻起，就要清醒认识自身的责任和义务，这不仅仅是一种职业，更是一种使命，不仅仅是每天多少小时的工作，更要时时刻刻谨记自身的责任。就像交响乐队和乐手，不允许出现滥竽充数的个体，败坏整个传播体系的名望和形象。传播者是代言人、发言人，必须首先规范自身的行为，有健康的形象，不仅从整体上规范，更要具体到每一个传播人。作为传播者，既要深入了解，做到“身在此山中”，又要保持一个传播者清醒的自觉，做到“当局者不迷”，洞悉庐山真面目。从整个传播过程看，现代传播行为是传者受者双主体的；但从传播者角度，受者是其传播对象，是客体。但传播者也要接收信息、吸收信息后才能传给受者，使传播活动有效有序进行。传播者接收信息时，其自身便是被传播的客体。因此，传播者必须要认清自身的角色，在不同条件、环境下准确转换自己的身份功能，要对比分析现代受众与传统受众不同的变化和新特点，以明确马克思主义大众化传播的指向性和有的放矢的针对性，不能以不变应万变，以静制动是有前提条件的，要相受众而动，因势而变，因时制宜，以更好地适应和推进马克思主义大众化。

马克思主义传播者不仅要进行理论传播，更要用行为来示范传播。普通人身边发生的普通事情是展现中国发展和进步的最好实例，让来自民间的普通人来讲述国家和民族日新月异的变化，同时每个社会民众都会把对马克思主义的认识具体化到对某一个或几个人，或者某一个群体的认识，这样的认识比任何政治传播形式都更具体、更生动。在诸种传播主体中，个人的影响力似乎最小，因为他们是一个个分散的个体，且个体的声音远不及国家和政府、社会组织，但这种个体一旦集中和互动起来就是一种强大的传播力量。一旦出现非正常情况，权威性的传播主体失语或提供的信息不准确时，个人就会成为补充性的信息源，它们聚少成多，最终必将形成强大的舆论声势，因此，在关注提升政府或大型组织机构以及其他主流媒体的传播力和对公众的影响力的同时，应对个体传播主体给予足够的重视。主流媒体不仅要加强自己在网络、移动客户端等媒介中的影响力，更要与宣传、网络监管部门联合，密切关注新媒体的舆论动向，随时积极调整自身的传播焦点，尽可能不给不良信息传播者以可乘之机。马克思主义大众化传播者要把自己变成一个多面手，在解构主义的现代信息社会里，只有刻板理论是不行的，更要会“玩儿”，同时对自身应加强“刻意学习”，这样更容易与受众消除距离和隔阂，更能以亲密距离把握和探知受众心理和受众偏好，实现有的放矢、潜移默化、一针见血的影响和传播，以达到在传播过程中让受众“自愿接受”。斯大林做过这样的表述：“列宁主义者不能仅仅是他自己所喜爱的那门科学的专家，他同时还应当是个政治家和社会活动家，应当密切关心本国命运，懂得社会发展规律，善于运用这些规律，并力求积极参加对国家的政治领导。在国家和党的任何一个工作部门中，工作人员的政治水平和马克思列宁主义觉悟程度越高，工作也就越有成效；反过来说，工作人员的政治水平和马克思列宁主义觉悟越低，就越可能在工作中遭受挫折和失败，就越可能使工作人员本身庸俗化和堕落成为鼠目寸光的事务主义者，就越可能使他们蜕化变质——这要算是一个定理。”[①]但马克思主义大众化传播者也要注意，密切联系群众，对受众兴趣的关注和接近不等于迎合恶俗趣味哗众取宠。

（三）传媒、文化领域不能完全市场化

作为社会主义宣传的文化阵地和舆论前沿，文化传媒领域完全企业化转型进入市场并不非常有利。虽然一定程度上激活了该领域的积极性和自主性，但作为对群众精神领域能够起到影响作用的文化和传播媒体，完全的市场化会使其因经济效益上的考虑而忽略社会效益的提升。虽然有道德和法律的约束，但为牟利铤而走险的事例却未间断过。物质领域的违规盈利，侵犯的是人民群众看得见摸得着的实际物质利益，而文化领域的违规，则会侵蚀人民群众的精神世界，歪曲受众的人生观、世界观、价值观，扭曲受众的思维逻辑，这种看不见的隐藏着的危害就像是慢性毒药

① 斯大林. 在党的第十八次代表大会上关于联共(布)中央工作的总结报告.

和定时炸弹,积累到一定阶段会构成更大的社会危害性。就像二十一世纪传媒公司案例。2009—2014 年,二十一世纪传媒公司原总裁沈颢罔顾媒体的社会责任和义务,为谋取经济利益勾结其名下相关媒体利用企业对负面新闻的恐惧心理以“有偿不闻”的方式、以广告费、赞助费等名义向九家目标企业勒索钱财共计 728 万余元,对于愿意以钱财平息负面报道的企业实行有偿撤稿、删稿或取消跟踪报道。文化传媒领域是个特殊的领域,很大程度上,这个领域应该成为党和国家意识形态巩固的阵地,但在市场化的形式下,事业变成产业,企业要承担更多的是自负盈亏的风险,很多时候具有社会效益的内容会因为不具有经济效益而被放弃,从业人员的道德自律也受到了拷问。2014 年美国一部名为《夜行者》的电影,就以记者为挖掘社会新闻牟利,放弃人伦道德底线,从抢拍交通事故中的血腥场面,到偷拍杀人现场而不救人,再到刻意安排命案现场的事件,拷问了媒介责任和伦理,对传媒行业的体制进行了谴责和反思。其中,剧中的电视台新闻女编辑妮娜对于她选择有价值新闻有这样一段标准描述:“我们发现观众更感兴趣的,是城市犯罪蔓延到郊区,也就是说受害者最好是富有的白人,被穷人或少数民族所伤,……车祸也不错,汽车、巴士、火车、飞机、火灾……要想拍摄到我们想播出的精髓,就把我们的新闻想象成一位呼喊的女子,在大街上奔逃,喉咙被划开。”另外一段新闻采集者路易斯与妮娜之间对所采新闻应获得的报酬讨价还价的对话,路易斯对其非法所采的一条凶杀案现场新闻视频报价 10 万元,妮娜只想给 3 万元:“路易斯:那次餐车捅人案都卖了 3 万元。妮娜:那次死者更多。路易斯:死的只是穷苦的墨西哥移民,其中两个还是非法移民,而这是三个富有的白人,在自己的豪宅被枪杀,还包括一个家庭主妇在床上被杀,……这个视频绝不止这个价。……这新闻还没结束,罪犯逃跑了,依然逍遥法外,混迹于人群中,那些有家人,住在家里的观众会紧张不安,会继续关注这件事的进展,这段录像,会让观众转向你们的频道。”更体现了漠视良知的传播者对新闻只当作商品和盈利工具。虽然只是一部夸张了现实的电影,但却较为真实地反映出了这样一个现实问题。

进一步改变传播的侧重点和偏向性。作为马克思主义大众化传播，是一种主流意识形态的传播，它的政治性特点与一般的知识性信息无论从内容上还是形式上，都必须体现出区别性。马克思主义的传播不是一般意义上的知识传授，更多情况下体现出来的是一种思想意识、思维方式、价值观念的“渗透”和“同化”。传播者要想提高传播效果，需要设法减少选择因素的干扰。要警惕出现过犹不及的情况，把握好度。马克思主义大众化传播更应当运用各种常规和非常规传播手段，在各种正式和非正式场合，通过多样化的完整或非完整的平台，以严肃和非严肃的形式将这种主流意识形态和主流价值观的内容扩展得更广泛、挖掘得更深入、推进得更持久。马克思主义大众化传播只有保持其广泛性、深入性和持久性，才能显现出其扎实而牢固的效果。

第六章

媒体融合趋势下加强马克思主义大众化传播的思考

对马克思主义理论的误解、曲解、肢解、消解伴随着整个马克思主义发展史。今天,马克思主义“过时论”“无用论”“取消论”依旧有存在的土壤。以互联网为依托的各种新媒体作为当代中国马克思主义传播的一个前沿阵地,同时也是各种非马克思主义和反马克思主义传播的重要阵地。作为一个当代中国马克思主义大众化传播者,对媒体融合背景下各种非马克思主义和反马克思主义的言论绝对不能听之任之,而要积极地进行批判、揭露、引导,与各种错误思潮做斗争,本身就是传播当代马克思主义的途径和方式,为此,一个真正的当代中国马克思主义传播者,必须有高度关注马克思主义理论前途和命运的历史使命感,对其未来发展的前景要有坚定的信心,这是增强传播效果的无形精神力量,在大众化过程中具有极为重要的作用。困境出英才,紧张有创新。当代中国马克思主义大众化传播主体要有责任意识,善于化困境为动力、化挑战为机遇、化紧张为和谐,努力实现媒体融合背景下当代中国马克思主义大众化的大发展、大繁荣。

第一节 发挥传统媒体在媒体融合中的主流舆论引导作用

一、不松懈地进行马克思主义大众化传播是媒体融合时期的重要任务

社会制度决定传播制度。为巩固国家意识形态服务,媒体融合趋势中必须更加重视和推进马克思主义大众化传播。传播必须要讲政治和立场,要在保持正确的意识形态的前提下进行传播活动。中国的政治最核心最基础的就是马克思主义、中国特色社会主义。因此媒体无论传播什么内容、利用什么形式,都必须站稳立场,把握住意识形态方向,并有意识地、积极主动地在任何传播行为中添加和渗透对于马克思主义大众化的传播。毛泽东在《关心群众生活,注意工作方法》一文中曾经这样表述过:"使广大群众认识我们是代表他们的利益的,是和他们呼吸相通的……使他们从这些事情出发,了解我们提出来的更高的任务,革命战争的任务,拥护革命,把革命推到全国去,接受我们的政治号召,为革命的胜利战斗到底。"①时任人民日报社副总编马利说:"我们不能跟有些小报小刊一样乱说话,乱说了以后别人还相信你吗?人民还觉得找不到一个真实的声音,那这就更可怕了,所以在做新媒体的时候,一定也要把公信力放在前面。"②同样的,我们也应该为了让群众接受和理解马克思主义大众化而让群众认识到媒体是代表他们利益的,从而为中国特色社会主义的建设和马克思主义大众化传播打好思想基础和群众基础。

社会主义传播制度明确要求,传播媒介必须为工人阶级服务,必须接

① 教育部社会科学研究与思想政治工作司主编．马克思主义思想政治教育著作导读[M]．北京:高等教育出版社,2001:218.

② 焦点访谈:媒体融合:走稳走快走好．http://news.cntv.cn/2014/08/27/VIDE1409145961502667.shtml,2014-8-27.

受共产党的思想和组织上的领导，媒介必须按照马列主义原理、社会主义的意识形态和价值体系来传播信息，宣传、动员、组织和教育群众，在服务于社会总体目标的同时，媒介应该满足广大群众的愿望与需求，媒介工作在政治上必须与党中央保持一致，将党的路线、方针和政策，及时而准确地贯穿到报道、言论等各项具体业务内容中，报道以正面宣传为主，将大众吸引、凝聚在党中央的周围，团结奋斗，激励他们积极进取，发挥媒介的独特舆论监督作用。

二、坚持党管媒体的原则不动摇

早在2007年胡锦涛就曾经指出："意识形态领域历来是敌对势力同我们激烈争夺的重要阵地，如果这个阵地出了问题，就可能导致社会动乱甚至丧失政权。敌对势力要搞乱一个社会、颠覆一个政权，往往总是先从意识形态领域打开突破口，先从搞乱人们的思想下手。"①

在党的十九大报告中，习近平再次指出要"落实意识形态工作责任制，加强阵地建设和管理，注意区分政治原则问题、思想认识问题、学术观点问题，旗帜鲜明反对和抵制各种错误观点。"②

不同的社会意识形态要受不同社会制度的政治目标所制约，也要被不同的社会形态所左右。也就是说，我国社会主义意识形态下的新闻、报纸、广播、电视、网络等都具有无产阶级的阶级属性，媒体必须为我们的社会主义制度服务，超政治的媒体是不存在的。时任中央电视台台长胡占凡强调媒体融合"是意义非常重大的一件事情，由党的总书记亲自动员部署，由中央深化改革领导小组来研究中国媒体发展问题，这是我们党历史上第一次，这表明了中央对中国媒体发展的清晰的认识和定位，也是在

① 胡锦涛. 高举中国特色社会主义伟大旗帜为夺取全面建设小康社会新胜利而奋斗——在中国共产党第十七次全国代表大会上的报告[N]. 人民日报，2007-10-25(1).

② 习近平.《决胜全面建成小康社会 夺取新时代中国特色社会主义伟大胜利——在中国共产党第十九次全国代表大会上的报告[M]. 北京：人民出版社，2017：42.

世界传播格局改变的情况下,中央做出的重要战略决策。”“在推进传统媒体和新媒体融合的时候,至少要遵循六个字,走稳、走快、走好。走稳就是在推进媒体融合过程中,要注意科学发展,有序发展;走快就是与时俱进,抓住机遇,不能错过,不能迟疑,该做的现在能做就要做;走好我想最重要的就是像总书记提出的一手抓融合,一手抓管理,坚持正确的舆论导向不变,坚持党管媒体不变,坚持弘扬社会主义核心价值观不变。”[①]推动媒体融合发展,抓住媒体融合时机促进传统媒体和新媒体的资源整合,通过马克思主义大众化传播这种途径,将马克思主义理论转化为一种普遍的标准、大众化的准则,让受众能够通过媒体的传播去更好地理解马克思主义,使马克思主义理论思想在群众中得到更全面、更深入的普及和推广,从而使广大受众的认识水平、思维境界和思想觉悟得到进一步提升。要始终坚持党管媒体原则,不断促进、加速、增效和深化马克思主义大众化传播,坚持和贯彻正面宣传、正确导向,牢记媒体是党和国家的喉舌,以媒体融合发展巩固壮大主流思想舆论。

马克思也说过,如果从观念上来考察,那么一定的意识形态的解体足以使整个时代覆灭。将有影响力的网媒纳入国家政府监管范围,保证其传播导向的正确性,扩大正面舆论的阵地重要性不可估量。尽管监管力度再大,也无法全面覆盖对于全部新媒体的监管,但这绝不是放弃监管的借口。积极推进主流意识形态的影响范围,让大部分网络传播行为规范起来是社会长远利益的要求。少部分的漏网之鱼在探寻和摸索中定会找到有效处理的方法,路径要在发展实践中寻找。在互联网的迅猛发展,包括门户网站在内的网络媒体不断壮大的环境中,国家并没有停止寻找更有效管理方法的步伐。在这方面,我们可以借鉴西方国家的一些做法。为了在实际上引导和控制媒体,西方国家政府一方面通过同精英建立密切关系,另一方面采取各种手段,如设立宣传策划机构、健全新闻发言人

---

① 焦点访谈:媒体融合:走稳走快走好 . http://news. cntv. cn/2014/08/27/VIDE1409145961502667. shtml,2014 - 8 - 27.

制度、主动出击等方法巧妙地处理同媒体的关系，从而在实际上引导和驾驭了媒体，使媒体成为宣传国家核心价值与理念的工具。

国家互联网信息办公室有关业务局负责人强调，从事互联网新闻信息服务应当坚持为人民服务、为社会主义服务的方向，坚持正确的舆论导向，维护国家利益和公共利益，严格依法开展服务，积极传播正能量，切实承担起网络媒体的社会责任。一些网站在为广大网民提供了丰富、便捷的新闻信息服务的同时，出于商业利益考虑，审核把关不严，不时传播淫秽色情信息、低俗信息等违法和不良信息，造谣传谣、敲诈勒索等违法行为也不断出现，破坏了正常的网络传播秩序，也侵犯了公共利益。

2015 年 2 月 2 日，国家互联网信息办公室有关业务局及北京市互联网信息办公室的负责人，就 2014 年互联网新闻信息服务单位年检中发现的问题，约谈了网易公司负责人，要求网易就其存在严重导向问题依据《互联网信息服务管理办法》《互联网新闻信息服务管理规定》进行整改。北京市互联网信息办公室也先后约谈了新浪、搜狐、百度、和讯、天天在线网站负责人，向其通报了存在的问题并责令其强化责任制度。这反映了在党管媒体的原则把握上，国家从未放松过监管，一直在寻求着更有效的适应媒体融合发展的有效路径，遵循着社会主义传播制度和马克思主义传播观的要求，在扫除马克思主义大众化传播障碍上不断努力。

社会主义国家的大众传播体制的最大特征，就是将媒介作为宣传、教育、组织大众的工具，以达到有效地控制社会，早日建成社会主义强国的目标。中国社会主义制度下的媒介规范理论是在经历了革命战争和社会主义建设两个时期的锤炼后发展起来的，它规定中国的新闻传播事业实行社会主义公有制，接受中国共产党的领导，是中国共产党领导下的事业，必须与党中央保持高度一致，坚持党性原则，社会主义新闻传播事业同时还担负着创造精神财富的重任，在迈向信息经济的今天，具有极为重要的经济功能。中国的社会主义传播制度还必须在社会主义建设的实践过程中不断摸索和完善，以便更好地为建设有中国特色的社会主义贡献力量。

三、以社会主义核心价值观为主导，净化传媒内容市场

习近平在浙江省委新闻宣传工作座谈会上提出，新闻战线要“守土有责”。[①] 在当前的语境中，关于媒体融合发展的背景，新华社副社长兼新闻媒体中心主任慎海雄的一段话做了交代——“新媒体的裂变式发展，改变了传统的舆论引导和传播格局，舆论生态更加复杂，给新闻宣传工作带来全方位、深层次的影响。传统媒体被边缘化，主流媒体难以真正掌控主流舆论，主流舆论难以有效传播主流声音的问题已经出现。”一句话，主流舆论在哪里，当下媒介变革的路就通向哪里。[②]

马克思主义是我国立党之基立国之本，是我国中国特色社会主义现代化建设和民族复兴的根本指导思想。因此，马克思主义思想深入群众、深入人民，被广大群众所理解和掌握，是一个重要课题。我们要将马克思主义理论通过宣传和理论普及等形式让马克思主义主动走进群众的生活，使这个理论体系由抽象理性变为生动具体、由深奥思辨转变为通俗易懂，由少数人所理解和掌握转变为广大人民群众所理解和掌握，并使它转化为人民大众的思想理念和价值观念，内化为人民大众自觉的生活方式和行为方式。社会主义核心价值观的提出，为群众提供了更加凝练且明确的思想行为遵循和准则，使群众能够更准确地理解和把握社会主义核心价值体系的重点内容和要求。2018 年 3 月 11 日，第十三届全国人民代表大会第一次会议通过的《中华人民共和国宪法修正案》中，“倡导社会主义核心价值观”被写入宪法。核心价值观更是实践和推进马克思主义大众化的一个新的和有效的载体。

---

① 侠客岛．解读中央深改小组第四次会议媒体融合早有征兆［OL］．http://media.people.com.cn/n/2014/0819/c40606 - 25494047.html 人民网转载海外网，2014 - 08 - 19.

② 侠客岛．解读中央深改小组第四次会议媒体融合早有征兆［OL］．http://media.people.com.cn/n/2014/0819/c40606 - 25494047.html 人民网转载海外网，2014 - 08 - 19.

(一)社会主义核心价值观的提出根源于马克思主义

社会主义核心价值观譬如一面精神的旗帜,它体现了中国特色社会主义的精髓和本质,而社会主义核心价值观的精髓本质、指归方向则是由马克思主义理论作为指导思想决定的。弘扬社会主义核心价值观,使社会主义核心价值观普及社会、深入群众,得到最广泛的认同,不仅是引导群众、引导主流社会思想的要旨,更是巩固社会主义意识形态、净化社会环境、推进马克思主义大众化、在更大范围上用马克思主义思想引导和教育人民的要旨。

(二)弘扬社会主义核心价值观有助于推进马克思主义大众化

构建和弘扬社会主义核心价值观与推进马克思主义大众化的过程息息相关,弘扬社会主义核心价值观离不开马克思主义大众化的宣传和推进,马克思主义大众化的进一步深入也为在更深层次上构建社会主义核心价值观提供路径和平台。

1. 弘扬社会主义核心价值观能够加深群众对马克思主义思想的理解和认识

马克思主义思想是中国特色社会主义建设的灵魂和旗帜,社会主义核心价值观反映和体现了马克思主义思想在当代中国的时代性和核心地位。社会的需要、最广大人民群众的需求是任何理论产生和发展的根源。毛泽东指出:“任何思想,如果不和客观的实际的事物相联系,如果没有客观存在的需要,如果不为人民群众所掌握,即使是最好的东西,即使是马克思列宁主义,也是不起作用的。”弘扬社会主义核心价值观,可以使群众加深对马克思主义思想的理解,延伸、拓展和加宽马克思主义大众化的群众基础和内在动力。

2. 弘扬社会主义核心价值观能够体现时代性

弘扬社会主义核心价值观是马克思主义时代化的要求,体现了马克思主义的时代性。马克思主义的时代化,具体体现在将马克思主义的基本原理与中国的实际、与中国特色社会主义建设发展结合和联系在一起,以马克思主义的基本原理来指导中国特色的社会主义建设事业。马克思主义一定要随着时代的发展而发展,与时俱进,否则将失去其灵魂和生命力。社会主义核心价值观,恰恰体现了马克思主义的时代特性,是中国共产党在马克思主义思想的指导下,根据新的社会发展形势和实践得出的,适应了当前中国社会发展的条件和规律,符合中国人民建设中国特色社会主义社会的愿望和要求。弘扬社会主义核心价值观体现了马克思主义的时代性,能够充分适应新时代马克思主义大众化的传播环境,实现用发展着的马克思主义指导实践,实现马克思主义大众化的进一步推进。

3. 马克思主义大众化对社会主义核心价值观的建设有积极作用

马克思主义大众化是一个联系实践和联系群众的过程,同时,联系实践和联系群众也是马克思主义大众化的重要目的。不能应用于实践、不能被群众掌握的理论,再怎么博大精深也将是一无是处。理论只有被群众接受、被群众认同、被群众拥护、被群众掌握,才能实现最广大范围内的传播和应用,理论的价值才能得到体现和实现,理论的作用才能被最大程度地发挥出来。马克思主义理论本身就是来源于群众、来源于实践的,是关于无产阶级和人类解放的理论,经过总结和升华,更应该回归群众、回归实践。马克思主义理论一旦脱离实践、脱离群众,就一定会变成空洞的、废弃的和僵化的摆设。马克思主义大众化就是要避免理论与实践、理论与群众相脱离的危险,努力将马克思主义思想理论以更生动活泼、更通俗易懂的形式让广大人民群众理解、接受并自觉以之为行动准则和指南。不仅理论掌握群众很重要,群众掌握理论更为重要。

社会主义市场经济的发展,改革开放程度的日益加大,使得国外各种思潮进入中国,冲击着中国社会的价值观。作为当今国际上最大的发展中国家,也是最大的社会主义国家,中国在意识形态领域面临着西方国家的非马克思主义思想渗透。这更体现出社会主义核心价值观建设和弘扬的必要性、重要性和紧迫性。凝聚群众力量,统一群众思想,坚持马克思主义思想的指导地位,并巩固和保持马克思主义在我国社会主义意识形态领域中的一元性地位,就需要有一个统一的和被国家、社会人民高度认同的价值取向来引导和总领。社会主义核心价值观的提出，正是适应了这个时代对精神携领凝聚力的迫切需求。

(三)以社会主义核心价值观为载体推进马克思主义大众化传播的进程

马克思主义大众化是长期的、重要的任务，现阶段应以社会主义核心价值观为载体继续推进马克思主义大众化进程。马克思主义大众化与社会主义核心价值观建设密切相关，相互影响并相互促进，共同为中国特色社会主义建设和中华民族的伟大复兴事业提供着不竭的动力。社会主义核心价值观准确反映了个人、社会、国家三者之间的关系，充分体现了马克思主义科学的人生观、价值观和世界观，准确道出了在中国特色社会主义建设事业中，人们应遵循的三个层面的价值取向、行为规范和准则，是对于马克思主义思想与中国具体实际的高度概括和提炼，是新时期中国特色社会主义思想建设、道德建设、文化建设、社会建设等方面的重要指导方针，是推进马克思主义大众化的重要载体。

中国特色社会主义现代化建设是中国全体人民的共同事业，需要有坚实的群众基础作为支撑。爱国、敬业、诚信、友善是群众行为准则的具体标准和要求，也是群众个人素质提升的标准和要求。“理论一经掌握群众，也会变成物质力量。”马克思主义大众化越深入群众、越深入个体，内化为广大群众的内在价值观，外化为广大群众的道德标准和行为自觉，社会主义核心价值观的建设和弘扬就会越有成效。而马克思主义理论成果的成效一经转化为我国中国特色社会主义建设和改革的实质效果，人民群众从中感受到马克思主义理论强大的指导力量和建设力量，切实感受到中国共产党为人民服务的诚意和行动，群众才会更加积极主动地接受和认同，才会更加积极主动地思考和向着更好的发展方向努力，发自内心地确立实现共产主义的信念。

要使社会主义核心价值观的社会功能得到最大范围的充分发挥，就要不断巩固社会主义意识形态的地位，增强中国特色社会主义的凝聚力、推动力和吸引力，就需要继续推进马克思主义大众化的发展和推进，使得马克思主义理论在社会意识形态领域更加普及和易于理解。社会主义核心价值观在社会层面上的要求,可以使自由、平等、公正、法治真正成为整个社会的普遍价值准则,从各个方面有效创造一个有力的社会道德环境,为马克思主义大众化的进一步推进创造有利条件。

第二节 扩大新媒体在媒体融合中潜移默化的渗透作用

"马克思主义大众化传播"是对传者而言的概念,而不应是在受者意识中的概念。从集中到分散,从追求全面理论向注重丰富细节的点的传播。一个点让受众能入脑入心,比铺头盖面的大理论一顷而下却被受众避开不受要有成效得多。"所谓通俗化,首先自然要求语文表现得明白易懂。艰深、晦涩、怪癖,是通俗化的最大敌人。但是,真正的通俗化,或者说,理想的通俗化,却还有更高的要求。这就是,语文不但要明白,而且要准确,不但要易懂,而且要生动。因为这样,才能够充分表白内容,才能够使读者、听者喜闻乐见,因而亲切地领会了作者的感情。"①马克思主义大众化传播也是观念的传播,观念传播内容载体的选择很重要,如何将观念安置于内容载体中以达到最佳优化配置更为关键。

一、以鲜活的马克思主义者的生平故事为载体

从建党到今天,成千上万的革命先烈、仁人志士,诸如李大钊、毛泽东、周恩来、雷锋、焦裕禄、孔繁森……一个个有血有肉的优秀人物,用他们的才智、热血乃至生命,用他们的出色工作和巨大贡献,为我们党的光荣与伟大垫了"本",注了"资",使我们的党因他们的贡献与牺牲而得到人民的信赖,使我们后来的新党员因他们的品格和业绩而享有崇高、受人

---

① 钟敬民.民俗文化学:梗概与兴起[M].北京:中华书局,1996:186.

尊敬。仅此一点,我们就借用并欠下了先辈们和英烈们用热血和生命赢得的“誉债”。只有“知不足”,才能产生紧迫感、危机感,才能给自己预留下进步的动力和空间。满招损谦受益。生活的常识告诉我们,一个孤陋寡闻、少见多怪、妄自尊大的人,往往过高地估量自己;而一个博学多才、见多识广、有所建树的人则总是谦虚谨慎、不耻下问。

例如《恰同学少年》这部反映毛泽东少年时代生活的电视作品对毛泽东青年时代的还原,就以其深刻丰富的思想政治内容和完全平民化的演绎,收到了非常理想的效果。首先,电视剧的立意很高,整部电视剧都充满了挽救民族国家于危难之间,为中华之崛起而奋斗,少年强则国强的令人振奋的民族情感意识,在塑造毛泽东的形象时,并不仅限于极力将其包装成一个完美无缺的神一样的天才少年,而是一个也会偏科,也会考试不及格,也会跟老师闹矛盾顶嘴,也会偶尔任性偶尔做错事的有血有肉、活生生的我们生活中可以见到的一个有生活感的男孩的形象。这个男孩会犯错,但自己意识到错误之后会勇于承认,他不是一个高高在上的榜样,而是我们身边的邻家男孩。这种人物形象的塑造,就拉近了和观众的距离,让观众从心理上就愿意接纳这个形象并不会感到自己是以第三人的眼光去仰视国家领导人的传奇一生,而是平视的眼光联系自己的成长经历找共同点,与剧中人物同呼吸共命运,在这种身临其境不知不觉和潜移默化中,自觉地接受的电视剧想要传达的内容,并很轻松地就可以转化成自身的思想形态,甚至可以于自己曾经在课堂上学到的马克思主义大众化传播信息融会贯通,把“知”层面的灌输进头脑的马克思主义大众化传播内容完美冶炼而提升到“情、意、行”的水平,这种效果是非常好的。

抗日战争胜利暨世界反法西斯战争胜利70周年,新闻联播曾做过一个“致敬抗战老兵”的专题节目。有位叫王岳西的老人谈到当初的经历,自己的脸被子弹打穿在医院治疗时传来日本投降的消息,他脸上负着伤不能有表情,但内心却抑制不住地兴奋和激动,抑制不住地笑,一笑伤口就裂开,但即使这种撕裂的身体上的疼痛也按捺不住心中对胜利的喜悦,边疼、边流泪、边笑着。只有自己内在地崇高而坚定,才能生威、才能服众。法国哲学家蒙田说过:“心灵之崇高主要不在于高高在上和遥遥领先,而在于知道如何控制和约束自己。”①

二、以中国优秀传统文化为载体

现代的生活往往让受众失去回顾历史的热情,这就需要激发并保持受众对历史的铭记。传统文化并不都是封建思想的延续,而是经过几千年的沉淀积累下来的中华民族的精神之魂,承载着中华民族的厚重历史。文化很大程度上也属于历史范畴,从来不存在永恒不变的文化。我们不否认中国古代文化中有不合理和过时的部分,所以要注意区分中国古代文化中的封建糟粕思想与中国优秀传统文化,不要将其混淆,甚至有的传统思想也是可以做正面解读,来将其转化继承下来的。

毛泽东的《新民主主义理论》中曾提到过:“中国的长期封建社会中,创造了灿烂的古代文化。清理古代文化的发展过程,剔除其封建性的糟粕,吸收其民主性的精华,是发展民族新文化提高民族自信心的必要条件,但是决不能无批判兼收并蓄。必须将古代封建统治阶级的一切腐朽的东西和古代优秀的人民文化,即多少带有民主性和革命性的区分开来。”但完全抛弃历史和文化的行为是万万要不得的,一旦失去了传统文化,民族就相当于失去了灵魂和根基,就没有支撑这个民族发展的支柱了,就会陷入历史虚无主义。毛泽东《论联合政府》中阐述道:“对于中国古代文化,同样,既不是一概排斥,也不是盲目搬用,而是批判地接受它,以利于推进中国的新文化。”

继承和吸收中国传统文化的精髓,用具有我们自己民族特色的文化、精神和品质结合马克思主义的精神塑造我们独具东方特色的中华精神。列宁曾在为无产阶级文化协会代表大会起草的决议案中说过:“马克思主义这一革命无产阶级思想体系赢得了世纪历史性的意义,是因为它没

① 把以德修身放在干部德性修养首位[OL]. 中国文明网. http://www.wenming.cn/ddmf_296/pljd/201205/t20120528_678061.shtml.

有抛弃资产阶级时代最宝贵的成就,相反却吸收和改造了两千多年来人类思想和文化发展中一切有价值的东西。"

马克思主义如此,中国传统文化也应当如此。传统文化发源于过去,延续和充实着发展到现在,将来也必将一代又一代地继续传承下去,任何新文化、新思想的产生,都不可能脱离前人创造的思想文化的土壤。我们不能单纯将"传统"理解为"旧的东西",更应该理解为"可被传承的、经过扬弃、总结和历史社会洗礼过的珍贵东西"。如果我们拒绝历史为我们留下来的贯穿中国发展的传统文化,我们的中国特色社会主义就会失去根源、失去灵魂、失去个性、失去活力。

否定马克思主义或是否定中国传统文化都不是进步的体现,要重视二者的结合。中国特色社会主义具有中国特色和中国气质,这个中国特色和中国气质,很大程度上就体现在中国的传统文化上面。如《礼运大同篇》中的"天下为公"的"大同社会"构想与马克思主义的共产主义社会目标、《孟子》中的"民为贵,社稷次之,君为轻"的民本主义思想与马克思主义唯物史观中人民群众是历史的创造者观点等,都能看出中国传统文化与马克思主义是有契合点和相融性的。

毛泽东完全有资格被称为将马克思主义植根于中国土壤的典范。1954 年冬,毛泽东与历史学家吴晗谈到《资治通鉴》时说过:"《资治通鉴》这部书写得好,尽管立场观点是封建统治阶级的,但叙事有法,历代兴衰治乱本末毕具,我们可以批判地读这部书,借以熟悉历史事件,从中吸取经验教训。"从中可以看出,毛泽东是从中国传统历史事件中,准确剥离出了其有用的、正面的精华部分,并用马克思主义辩证法和历史观对其进行了新的认知和内涵提升,完美而灵活地将马克思主义与中国传统文化结合在一起,让马克思主义在中国变得鲜活起来,又让中国传统文化在马克思主义理论中展现出了新的价值,为中国传统文化注入了新的生命力。

另外,我们也可以看到中国传统文化中有许多内容关于人的自我提升,这也符合马克思主义关于人自由全面发展的理论,符合以人为本的发展规律，因此，中国传统文化才不能也不会被轻易丢弃。优秀的中国传统文化与马克思主义的结合不仅是马克思主义中国化重要的手段与形式，更是中国化马克思主义不能规避的重要内容。

坚持马克思主义理论的主体地位，同时要不断吸取中国传统文化的精华思想，继续推动和促进马克思主义中国化的进程和深化，丰富和完善中国特色社会主义理论体系，让其更有效、更有力地推动我国中国特色社会主义现代化建设，为中国人民实现民族复兴的“中国梦”提供坚实的理论基础和依据，让中国化的马克思主义绽放出独具东方特色的绚丽花朵，放射出独具中国特色的灿烂光芒。

三、将现实社会发展中产生的问题用合理的马克思主义理论来解读

处置好社会发展引起的派生性问题，化解负面舆情对于马克思主义大众化传播有很强的影响作用。片面理解和对待社会问题不利于社会进步，全面把握社会主义、理性对待社会发展中出现的问题才是正确态度，要做到不偏信、不盲目、不冲动、不消极、不激进。

人类社会的发展就是一个不断解决矛盾的过程。社会主义不是万灵丹，存在阶段性的影响社会和谐的矛盾和问题是正常的，不能因此而对我们的中国特色社会主义事业建设发展前景持悲观态度。中国经过改革开放 40 年的发展，社会进步有目共睹，但全速发展的步履间累积下问题也不可避免。西方国家同样也是在发展的每个阶段上都会出现相应的问题并边解决问题边实现发展。只看到解决了问题的西方国家发达现状，而忽略掉他们也有出现问题的历史实际是片面的。人民群众应该对困难多一些理解，对未来多一份信心，对社会多一些支持。

从另一个角度来讲，群众对社会矛盾的不满也体现着社会的进步和人民生活水平的提高。人民群众自身参与意识的觉醒，有释放和表达自己意图和愿望的行为，反映出人民群众对社会、国家发展的关心，渴望社会国家不断进步，自己过上更加幸福生活的愿景。一味抹杀和压制人民群众的这种参与诉求和表达渠道并不能彻底解决问题。由于种种原因，

人民群众的诉求和呼声有时会过于激烈，这种表达的过激或不到位甚至会造成对社会发展不利的舆论环境，但若处理得当，也可以更准确地找到、解决和处理人们关注的社会问题，成为党和政府发现社会问题聚焦点的渠道。

人民群众追求更高层次的要求，从更多的立场和视角去争取自己的权利，这正是从温饱问题中解放出来的表现。只有当吃饭和生存已不成为束缚时，人们的视线才有可能从低层次的“要求活着”中解脱出来，去关注“活得更好”的方向。而现在群众关注房价物价，教育环境，医疗条件，食品安全……诉求已经从基本的温饱需要上升到提高生活质量的需要，也从一个侧面反映出了改革开放以来我国建设和发展的显著成果，社会进步显而易见。若生命还受到威胁，生存都成问题，人们是无暇顾及更高层次的问题的。中国特色社会主义进入新时代，我国社会主要矛盾已经转化为人民日益增长的美好生活需要和不平衡不充分的发展之间的矛盾。[①] 社会主要矛盾的转移，人民要求获得更好的呼声的高涨，对社会存在问题的质疑、不满和抗议，虽一定程度上给社会发展带来不便，但更多地反映出社会不断前进的客观事实。

但是，受众不都是不理智的，更多地是“不仇富，仇不公”。2008 年 7 月，杂交水稻之父袁隆平在长沙某车展说家里已经有六七辆小轿车了，但网友们并没有表现出谩骂或体现仇富情绪，反而认为“袁老家里就是有七八架私人小飞机也配！”[②]网友对袁隆平的理性和对赵本山的仇富抵触情绪对比可见，受众不是没有理智的，不能把公众的怨气归为暴戾心态不端，更是因为社会上宣传和炫耀的事例让受众感到了不公平，对于真正体现出高尚马克思主义情操的榜样社会受众都能给予真心地尊敬和爱戴。另外，也有必要在精神领域为仇富心理提供一个转换和消解的平台。[③]

① 习近平.《决胜全面建成小康社会 夺取新时代中国特色社会主义伟大胜利——在中国共产党第十九次全国代表大会上的报告》[M]. 北京：人民出版社，2017. 11.

② 李松. 底层民意——中国社会心态调查[M]. 北京：新华出版社，2014：246 - 247.

③ 李松. 底层民意——中国社会心态调查[M]. 北京：新华出版社，2014：249.

针对这些问题，对于网络热点事件的处置提倡做到几个“第一”：对于公众的第一期待要亮明态度；第一处置要公正；第一波情需要化解；第一姿态要表达关切。

通过还原世界图景，看到中国这十年走过的不平坦道路、遇到的不寻常挑战，其他国家同样也在经历，从而增强对中国问题的理性判断。[①]“无论哪一个社会形态，在它所能容纳的全部生产力发挥出来以前，是决不会灭亡的；而新的更高的生产关系，在它的物质存在条件在旧社会的胎胞里成熟以前，是绝不会出现的。所以人类始终只提出自己能够解决的任务，因为只要仔细考察就可以发现，任务本身，只有在解决它的物质条件已经存在或者至少是在生成过程中的时候，才会产生。”[②]任仲平文章《转变，中国道路的历史性跨越》中说道：仅仅与过去的自己相比，会将社会的进步看成一路高歌，容易妄自尊大；只与世界上最发达的国家相比，会把面临的问题视为灭顶之灾，容易妄自菲薄。只有将两者综合看，才能既看到成就，获得前行的动力，也看到问题，明确努力的方向。马克思在至奥本海姆的信中：“正确的理论必须结合具体情况并根据现存条件加以阐明和发挥。”[③]

四、由显性传播为主向显性传播与隐性传播双重点转变

充分发挥隐性传播功能，坚持正确的文化导向，把马克思主义的思想精髓和发展创新的理论成果渗透到人们日常文化消费这一隐性渠道中。传播要讲政治，讲意识形态，中国的政治最基础的就是马克思主义。因此媒体无论传播什么内容、利用什么形式，都必须站稳立场，把握住意识形态方向，并有意识地、积极主动地在任何传播行为中增添和渗透对于马克思主义大众化的传播。马克思主义不会自生，而必须要依靠外界灌输。

① 本书编写组．实践中的马克思主义新闻观——新闻报道经典案例评析［M］．北京：高等教育出版社，2015.

② 马克思恩格斯文集 2 卷［M］．北京：人民出版社，2009：592.

③ 马克思恩格斯全集 27 卷［M］．北京：人民出版社，1972.

把马克思主义理论融入高质量的文学艺术作品、电影和电视剧中，通过艺术形象传递价值观，使大众在欣赏这些作品时潜移默化地认同马克思主义的立场、观点和方法。受到大众追捧的红色青春偶像剧《恰同学少年》《伪装者》，众多明星打造的引人眼球的电影《建国大业》《建党伟业》和《建军大业》等，这些文化艺术作品都是马克思主义大众化传播的成功范例。

显性传播是直接的传播，适合传统媒体，如红色网站、马克思主义理论网站、专题节目、专题书籍出版等。普及版的显性传播内容，如日本的《资本论》漫画版、德国的《青年们读马克思吧》普及本、中国梦动画等。

主流媒体是马克思主义大众化传播最集中的灌输渠道，但显性的总结成就要放对场合，休闲放松的场合中高调显性地去高呼政治口号，势必会让受众反感。但2016年初三晚焦点访谈时段习近平外交成果的集中总结和展示，即便用了一个小时时间来回顾外交成就，却也深深吸引受众目光和精力，并深以为然，为中国的成就而与有荣焉，为之自豪。因为这是显性传播的合适时间和场合，显性传播才会发挥出它的功效和作用，也体现出质量互变的排序变化也会引起质变的原理。

一定程度上讲，新媒体具有时间延伸性上的劣势，在深入程度上教传统纸媒有欠缺。传统媒体相对于新媒体，要做到保持、引领、主导。首先，不要与新媒体比传播速度，猎奇、吸引实时关注，而更要保持自身的立场，冷静理智客观，以责任感和公信力为重，保持业界权威性和话语真实度。其次，在保持自身纯洁性的同时，做好媒体融合的工作，慢慢将自身的影响力涉及新媒体，控制和引导无序的新媒体传播环境。媒体融合发展要将公信力放在第一位，不能物理性嫁接，要化学性融合，达到一加一大于二的效果。坚持将马克思主义大众化传播融入传播实践是媒体良性发展的保证。

要让优秀的文艺作品成为马克思主义大众化隐性传播的载体。改革开放以来马克思主义大众化传播取得巨大成效，传统的马克思主义大众化传播方法手段功不可没。但随着社会不断发展，社会文化不断繁荣，人们的思想和自主性、个性都发生了很大的变化，立足于新世纪的今天，现代受众相对于以往都有了更强烈自主意识，思维方式也日益多元化，并不只囿于我说你听我打你通的说教式马克思主义大众化传播方式。老生常谈式的传统马克思主义大众化传播效果也在逐渐减弱，人们对这种刻板老套的灌输式、填鸭式的马克思主义大众化传播方式表现出免疫性、抵触性甚至出现逆反性。显性的马克思主义大众化传播的弊端逐渐显露就迫切要求我们改变思路，跟上社会发展脚步，更新理念，在显性传播中适当增加隐性传播，增加马克思主义大众化传播的实效性和时效性。近些年来荧屏上出现的大量的爱国题材的影片集电视剧正掀起着一场红色浪潮，这些影片和电视剧为马克思主义大众化传播的顺利、通畅、便捷、快速地进行提供了良好的载体，也开辟了马克思主义大众化传播又一有利传播阵地。教育影片电视剧的繁荣是马克思主义大众化传播的又一亮点，利用好这一资源来为马克思主义大众化传播的全面普及服务会使马克思主义大众化传播的效果更突出有效。

这些已经被视为隐性传播手段的电视作品还可被分为具有显性传播效果的作品和具有隐性传播效果的作品两种类型。体现传统、正统的马克思主义大众化传播，通过正面宣传以塑造和提高被传播者的思想、道德、政治、心理等素质为目的，让被传播者的情感、意志、行为等按照国家、社会主流思想的要求得到进一步规范，是一种外显性的、直截了当的明确的有形教育，目的性鲜明，这是体现显性传播方式的影视作品；在不知不觉中进行的马克思主义大众化传播，让受传播者在整个过程中，并没有意识到自己是在刻意的被教育，而只是在观看自己喜爱的影视作品，马克思主义大众化传播的目的在不知不觉中达成，有潜移默化和滴水穿石的特点。在马克思主义大众化传播内容的传递和接受容量上，可能要小于显性传播目的的作品，但是其传播效果却毫不逊色甚至极为突出，要比显性的传播效果令人期待得多，这体现的是隐性传播方式的电视作品，典型的作品有《亮剑》《风声》《伪装者》等。

从这些电视作品来看，显性传播和隐性传播的影视作品的马克思主义大众化传播效果虽然都不错，但隐性传播的作品相对来说效果会更扎实一些。以2011年的电视剧《东方》和2015年的《伪装者》为例，从这两部同为记录我国所走道路之艰辛的电视剧中，其导演选择了不同的两个角度来让观众体会祖国一步步走来的不易和中华儿女为革命事业舍生忘死奋勇拼搏的精神，《伪装者》选取的是一个微观事件，而《东方》则是宏观展开叙述历程，一个是以人物细节叙述为主，情感性比较强，一个是以历史事件叙述为主，政治性比较强。这两部电视剧，很典型地体现了马克思主义大众化传播的两种不同的传播教育内容的方式——显性和隐性传播理念的不同。其实从宏观上说，影片中的教育应作为隐性传播的方式，但在这里，我们从微观的马克思主义大众化传播的表达方式上来讨论，同为影片，其两部影片传播其思想的具体表达方式截然不同，在表达方式上，《伪装者》的教育理念传播表现为隐性，而《东方》则表现为显性。

隐性传播的作品情节、故事性相对于显性传播作品更强，易于吸引人眼球。相对于显性传播作品说教形式比较隐蔽，寓教于无形中。《伪装者》在精彩的剧情演绎中，并没有全片泛滥革命口号，革命战士的英勇壮举，只是以明家姐弟四人的行为，随剧情顺势而出的语言，在水到渠成的剧情中将革命的惨烈和不易通过细节展现出来，虽然整部电视剧没有豪言壮语，甚至主人公各有缺点，也有个人的小情怀，但却有血有肉让观众更有亲近感。抓住了每个观众的心，也震撼着每个人的灵魂。《伪装者》的马克思主义大众化传播目的的实现，虽然传达的教育内容看上去比《东方》少许多，但是，它的主题思想在受传播者心中被记住的牢固程度却一定是远远大于《东方》的。《东方》的政治宣传性太明显，虽然是一部很棒的马克思主义传播作品，也有利于受众在教科书之外进一步形象性的了解党的历史，但其被受众主动接受的程度总归是逊色于《伪装者》的引人入胜。要想达到教育的目的，首先是要能吸引受众自觉自愿地看下去，才能有下一步的接受和转化为自己的思想的可能性。以此为例，我们应该充分重视包含隐性传播内容的作品，同时也不放松显性传播内容作品的宣传，二者结合，让显性传播作品发挥其灌输作用，再以隐性传播作品转化其灌输内容,用其形式使受传播者不知不觉中被潜移默化,将认知层面的显性传播作品中得到的浅层认知在隐性传播作品的催化下发生质的飞跃,成为自身的思想意志和信念,提高自身的德育素质,完成马克思主义大众化传播的最终目的。如果只是一味地进行生硬刻板的教育,受传播者不会心甘情愿的接受,即使表面接受也可能是口服心不服。隐性传播作品的教育信息量虽然要小于显性传播作品,但是却能让这种小信息量的内容深刻的烙在观看者的印象中。隐性传播作品的教育效果是有目共睹的,也应该在更大程度上得到认可,应得到更好的宣传和重视。在显性传播作品和隐性传播作品的宣传上,也应做到两手抓两手都要硬才是正确的和必要的。

另外,显性传播作品中的一些人生观、世界观、价值观都亟须更新,已经不太适应现代人的价值观念形态了,也不利于现代社会的健康快速发展,也会引起人们价值观念的矛盾和疑惑。如电影《建国大业》中一个情节一直让我印象深刻。当时的背景是蒋介石已经知道了毛泽东在河北保定的具体位置要秘密轰炸,轰炸机来了之后根据地一片混乱,大家都在紧张的撤退中,结果在撤退过程中,负责给毛泽东做饭的郭本财突然像想起了什么似的,猛地转身又往危险区跑去,别人拉住他跟他说回去危险,他大义凛然的焦急地说了一句:“还给毛主席炖着菜呢!”结果回去之后,被炸死在屋里。虽然明白这里是想体现郭本财对毛主席的爱戴,以及作为一名做饭师傅的职业道德,情况危及生命却不能忘记本职工作,并且从侧面反映出毛主席形象的高大和在人民心目中的地位。但这个情节在当代社会背景下却可能会给人的人生观、价值观造成一定的误解和混乱。只是一味宣传崇高精神要不得,需立足现实,进行新的价值观传播,在精神教育上要谨慎取舍,不能给人造成误导,造成不必要的损失,要用历史的眼光看问题。在当时那个年代,这种行为是很值得推崇的,经历过那个时代的人也能理解这种行为为什么会产生,但现在毕竟是不同于那个时期的,大多数的人,尤其是青少年不会那么真切地体会到那时人们以自己的生命去敬重毛主席的感觉,如果这种情节设置过多,且没有设置合理顺畅的前铺情节,不仅不会烘托出当时领导人形象的高大和受尊重程度,反而会使一部分受众怀疑这种行为的可信度,并在价值观取舍问题上造成困惑。因此,刻意提升思想高度的显性传播情节设置应尽量避免或进行得自然一些。正如前文提到的情节,可能会从一个侧面给受传播者一种心理感受:菜的价值大于一个普通做饭师傅生命的价值。这种传播会出现四个结果:第一,看完之后对这个情节完全没印象,零效果;第二,刻板接受领袖人物的饭菜价值大于小人物的生命的价值的观念,在以后的行为中和别人的交流中不知不觉地传递自己这种观念误导更多的人,相当于负效果;第三,对影片中这种价值观不满,于是对整个影片的价值肯定也减少,传播效果同样也会很小,效果不明显;第四,最理想效果,体会到当时人民那种行为的心态,看到影片希望表达的马克思主义大众化传播形态并理解其不足之处,自身批判吸收,达到最佳效果。这样一来,影片的传播价值被正确接收的概率就几乎在四分之一左右,在现实状态中甚至小于四分之一。

最后,我们应该更加重视提升隐性传播作品的效果传播,同时也不能忽略显性传播作品的作用,找到二者的契合点,最好创作出隐性和显性传播合二为一的优秀作品。我国正面临着发展的黄金期,经济水平飞速提升,社会繁荣发展,综合国力也较之改革开放之前大大增强。经济的发展和社会的和谐,离不开人们思想道德素质和觉悟的提升和进步,在这样以全面发展为时代主题的背景下,我们更要立足现实,放眼未来,让马克思主义大众化传播以更便于人们接受的形式,在潜移默化中发挥其思想导控的作用,使人们的道德素质得到更显著的净化和提升,使社会整体文明程度得到进一步发展和飞跃。

要增加马克思主义的吸引力,增强党的公信力、凝聚力,文艺作品是不可忽视的传播阵地。在"加强互联网内容建设,建立网络综合治理体系,营造清朗的网络空间"方面,需要用巧力。马克思主义大众化不是喊出来的,不是管出来的,也不是生生灌出来的,要在遵从传播规律的同时,寻求更多的渠道和方法趁势而入。

君子生非异也,善假于物也。每一种文化形式都是一种理解和把握世界的方式,马克思主义通过不同的文化形式表现出来。把马克思主义融入大众文化形式,把党的创新理论有机地自然地融入文化艺术作品之中,使其与群众的精神文化生活紧密联系起来可以使人民群众在欣赏文学艺术作品、观看文化娱乐节目中受到思想理论教育,使不同传播方式的媒体之间很好地进行互补。①

从信源传递出来的信息,并非全部都直接地流向一般受众,而是要经过"意见领袖"这个中间环节,信源向"意见领袖"进行第一级传播,"意见领袖"再向一般受众进行第二级传播。这种意见领袖的影响力来自两个方面:一是地位和权力。二是自身因素形成的影响力,建立在崇敬、信服的基础上。它对人的心理作用是主动、自愿的。20 世纪 50 年代,美国传播学者霍夫兰对传播者的可信性与传播效果之间的关系进行了实证研究,最后认为,"一般来说,信源的可信度越高,其说服效果越大,可信度越低,说服效果越小。"②用良好的形象来争取受众信任是改进传播效果的重要前提。在说服受教者前,首先需完成自我对于主流价值观的知情意行的过程,必须充满自信,并身体力行。

明星在大众生活中逐渐被偶像化,偶像是人的内心世界最宝贵的情感寄托。当人们处在生活的瓶颈无法跨越,当他们心灵渴望激励与振奋,偶像走进他们的心扉。"在当代媒体文化中,体育明星、影视演员和媒体人物成为当代社会的偶像和神祇,这是因为他们身上体现了大众的梦想,并且建构了生活的幻象。"③明星生活在舆论的闪光灯下,一举一动都在公众的视线之内,并能引发人们的膜拜与效仿,基于此,明星作为公众人物足以成为社会风尚的指标。明星之所以能成为明星,它的存在和发展之维是大众的喜爱和追捧,在马克思主义大众化传播中,他们的责任是借

---

① 李春会. 传播视域下的马克思主义大众化[M]. 北京:人民出版社,2013.

② 郭庆光. 传播学教程[M]. 北京:中国人民大学出版社,1999:202.

③ 道格拉斯·凯尔纳[美]. 媒体奇观——当代美国社会文化透视[M]. 史安斌,译. 北京:清华大学出版社,2003:115.

助大众赋予其影响力,引导社会主义核心价值体系的传播,呈现给大众优秀作品,塑造出光辉的影响,着力将自己塑造为马克思主义大众化传播的代表性人物,借以传承优秀文化造福社会。“现代意义上所谓的明星,是那些与视觉形象发生密切关系的,具有相应知名度的,并且独立支配因个人名誉而获得经济收益的,能激起观众神性崇拜而且这种神性崇拜同时必须是代表社会进步力量的物理意义上的人,场所或企业。”①主旋律电影在展示宏大叙事的同时,吸纳有较高声望和演艺实力的影星加盟,不仅可以强化主旋律电影传达宏大历史观念的权威性和可信性,还可以使受众观念中将看主旋律电影理解为“去影院受教育”转变为主动地“去影院提升审美境界”。

审美也是一种认同,甚至是一种限制。人在认为“美”和追求“美”的时候,就会用美对自己进行约束,“不美”的事情就羞于去做,而文艺“潜移默化”“文以载道”的作用和意义就在这里。只有吸引受众主动地接受影片,革命影视艺术中有关马克思主义思想价值才能够潜移默化地渗透于受众的思想意识,从而真正实现革命影视艺术的政治诉求。繁荣文艺创作,为受众提供更多更好的精神食粮,必将有助于守住精神“气脉”,守住发展的“方寸”。不让精神力被弱化,保持精神空间不萎缩,这就需要不断有效地进行精神力的配置和精神空间的拓展。通过优秀的文艺作品和明星效应,树榜样要以典型事件覆盖人群共性,而不只是一个高高在上、闪闪发光、不食人间烟火、无条件高尚的英雄模范形象。当榜样与生活脱离的时候,受众便会自动将自己与榜样脱离,高山仰止。通过一个典型反映出整个民族整个社会的闪光点,让每个人都自觉有份,才能自发产生向心力和行动力。

五、大众传播娱乐功能的作用不容忽视

社会的信息化发展使媒体传播的偏向性更加明显,大众传播的娱乐

---

① 陈新丽．明星制度探讨——第二次世界大战后的明星化现象[J]．法国研究,2006(1):71－77.

功能在其四个功能中占的比重愈显突出。充分利用大众传播的娱乐功能能够为马克思主义大众化延伸传播平台、扩展受众群体。在利用大众传播娱乐功能推进马克思主义大众化的同时,要分清娱乐功能与功能娱乐化的区别,打造提升娱乐的质量,走出功能娱乐化误区。信息时代,电视、网络、手机等媒体不断发展,成为信息传播的重要渠道,也是马克思主义大众化传播不能抛开的阵地,而大众传播的娱乐功能便是通过各种媒体传播普及马克思主义的一种有效手段和方式。

目前来说,相关学术著作方面最有代表性的是波兹曼于 1985 年首次出版的《娱乐至死》一书,它完成的时间虽然距离现在有些遥远,但其对媒介娱乐化的分析和批判观点却没有过时。他认为"娱乐是电视上所有话语的超意识形态。不管是什么内容,也不管采取什么视角,电视上的一切都是为了给我们提供娱乐"。他对媒介娱乐化的批判正是我们现在所应该警醒和借鉴的,同时,我们也应该认识到传播娱乐功能对受众的吸引,在规避传播娱乐化的消极影响中将传播的正向功能为我所用。

(一)媒体融合进程凸显了大众传播的娱乐功能

自 20 世纪 80 年代中期我国政府开始分批对传媒实施"事业单位,企业管理"体制以来,传媒机构的国家行政补助减少,运营成本上涨的压力迫使传媒行业寻找新的盈利模式。在自负盈亏的境遇中,传媒在经济效益与社会效益的天平上逐渐失衡,商业化倾向增强,传播内容上娱乐份额日益增多,凸显出了大众传播的娱乐功能。同时,伴随着中国特色社会主义现代化建设日益前进的步伐,马克思主义大众化的要求更为紧迫和重要,仅靠主流渠道来进行马克思主义大众化的传播略显局限性,能够巩固传播效果的更广泛的辅助传播渠道显现出不可忽视的重要性。媒体融合的进程,使得大众传播娱乐功能覆盖范围进一步扩大,使娱乐具有更加广泛的受众基础。

艾瑞网关于媒体应用的调查数据显示,在最新的互联网用户使用情况中,娱乐类网络资源的使用数量远远超过教育类网络资源的使用数量。在教育类资源的使用情况中,受众更偏向于实用性强的技能型教育资源,马克思主义大众化的资源使用量更是少之又少。

（二）马克思主义大众化存在对更广受众覆盖平台的需求

马克思主义大众化需要更大的受众群体，需要普及给更广泛的人民群众，需要更广阔的平台进一步增强与受众的接触。对于马克思主义大众化来说，从群众中获取的传播前馈和反馈几乎没有无效信息。增进与更大范围受众群体的接触与了解，时常接近群众，掌握其爱好、思想动向、对事件的看法，在更大的受众平台上推进马克思主义大众化，针对不同人群找到适合他们的中介和载体，找到马克思主义大众化的突破口，在马克思主义大众化的过程中显得尤为重要。

传播学关于大众传播内容分类的理论指出，内容通俗甚至是低俗的信息受众范围往往是最广的。许多群众对于高端的文化信息不感兴趣，或水平达不到而无法深入理解。不是每个人都愿意去学习其不感兴趣的东西，人们往往具有惰性心理，如果存在可以不费力气就能获取的信息，很大一部分群众并不会很情愿地主动去读专业的书籍，接收专业的、需要动脑筋才能消化掉的信息。这就启示我们不能仅从理论者的角度看问题，也应该积极走进通俗文化的世界，从大众文化、通俗文化、娱乐文化入手，搜寻有用信息与群众分享的同时进行潜移默化的灌输，充分利用大众传播的娱乐功能进行马克思主义大众化传播，从群众知道的和想知道的事情入手去普及。以求吸引更多的受众关注，延伸马克思主义大众化的受众范围。

大众传播的娱乐功能具有与马克思主义大众化的契合点。传播学中将大众传播的内容大致分为三种类型：低级趣味内容、无争议性内容和高级趣味内容。其中，低级趣味内容传播最为广泛并拥有最广大的受众。且随着媒介媒体的市场化、商业化，对利润和受众规模最大化的追逐，依然使得大众媒介不断生产出的文化产品更大程度上满足的是社会普通大众底层需要的娱乐和休闲信息。这种逐利现象在很长一段时期内难以消除。一些低层次的文化内容虽然没有许多教育和提升功能，但这种大众娱乐却可以达到舒缓生活和竞争压力的效果，在社会中起到减压阀的作用，是现代社会中生存的人离不开的形式。从大众传播的娱乐功能与马克思主义大众化的契合点入手，有利于变消耗为效用，使积极因素战胜消极因素，促成和实现矛盾双方的转化。

1. 目的上的契合

大众传播的娱乐功能使人精神放松愉悦，马克思主义大众化使人精神提升，最终都要有达到增值完善生活体验、提升个人素质品位的目的。传播顺应大众心理需求、提升大众传播娱乐功能的品质与马克思主义大众化是存在共性和一致性的。

首先，要区分大众传播真正的“娱乐功能”与“功能娱乐化”的区别。现今一些流于媚俗、哗众取宠的娱乐信息如同精神鸦片虽然能在浏览和观看时给人带来愉悦感和刺激感，但过后并不能得到什么有价值的提升，甚至会出现强烈的空虚感。但这不是大众传播真正的娱乐功能应该带给人们的体验。这只是对娱乐功能的歪曲，是对大众传播四大功能的泛娱乐化。泛娱乐化会突显大众传播的负面功能，即占用受众有效时间，降低受众鉴别能力，削弱受众的判断力，使大众传播流于庸俗。健康的娱乐功能，是要让人既能放松，感受精神上的舒畅，过后又备感充实，心有所获，并体现大众传播的正向功能，纠正受众偏离社会规则的行为，唤起受众自律、自觉和自省的自我规范行为，才是真正的顺应大众心理的，与马克思主义大众化载目标、定位、内容上都有共通性和一致性的，也符合马克思主义大众化规律的健康娱乐功能。

另外，马克思主义的大众化，在普遍意义上说是马克思主义基本原理的大众化，马克思主义方法论的大众化，马克思主义人生观、世界观、价值观的大众化，而不是具体某个观点、某个论断的宣传。马克思主义是关于全体工人阶级、全人类解放和发展的科学，是以人民群众为出发点和基础的。如果不能为群众所接受和理解，就在很大程度上失去了它的实践意义和功用。马克思主义大众化要传播的更多是“思想”，而不是“学科”。之所以许多人不能够理解马克思主义，一部分原因是混淆了马克思主义“思想”的传播和马克思主义“学科”的传播。作为学科的传播，是要将马克思主义理论完整化、动态化、体系化，使马克思主义的研究更加系统深入，挖掘更多的理论内核服务于社会历史的发展。学术上的理论研究不可以通俗化、简单化或大众化，否则会丧失理论的严肃性和严谨性。作为思想的传播，则是将马克思主义的基本原理和基本观点的精髓、要义通俗化、具体化、生活化，体现马克思主义指引性的功能，引导受众树立科学的对人生、社会、世界认知的立场，形成正确健康、积极向上的思维方式。思想的传播不局限于宣讲具体理论，更大程度上需展现出理论的思辨内核在现实中的具象，以具体的案例展示使受众通过现实具象在潜移默化中接受马克思主义大众化的精神洗礼。马克思主义大众化思想的传播，是"化理论为方法，化理论为德行"的过程，传播思路、传播方式、传播渠道、传播内容都应该围绕"大众化""化大众"这一目标，将马克思主义理论转化为大众能够或容易接受的符号形式，充分考虑到受众的接受和认知水平，将马克思主义的精神和方法让受众理解并能够内化于心外化于行，提高广大受众的认识水平和思想境界，提高人们的思想觉悟和素质。需要注意的是通俗化、具体化、生活化，并不是简单地庸俗化，不是在传播过程中对马克思主义进行调侃，消解马克思主义的科学性、革命性，而是增强其亲切感，挖掘其自身的魅力吸引受众，让受众积极主动地发自内心地愿意去接受马克思主义大众化传播。

2. 对马克思主义与娱乐文化一种新的理解和整合

马克思主义大众化普及的载体很多，但群众不一定接触得到，或主观上不愿或排斥去接受。更好的方式是以其愿意接触的如电影、娱乐活动、音乐等所有群众接受起来无压力、不困难的事物为载体，通过宣传传播者的深入挖掘，找出宣传点，通过群众本身就经常接触且乐于接受的载体对其进行潜移默化的宣传和普及，化被动为主动，变阻力为动力。

马克思主义大众化传播者在无法完全掌控信息渠道的现实面前，要探究受众喜欢某类题材的原因，联系马克思主义大众化的实际，对受众进行思维路径的启发和引导，在受众不经意间完成马克思主义大众化的传播。如暴力系列电影，若无正确引导，受众观看后可能会模仿电影里的暴力手段，也可能造成心理阴影等。但若细究，亦可以从中得到许多关于生命价值的思考，启示受众珍视生命存在的价值，助其建立健康科学的人生观。再如各电视台较为普遍的法制栏目，虽然许多都存在以特殊猎奇性案例吸引受众眼球的现象，有时过于主观性的解读还会引起受众对社会的不满，这时就需要马克思主义大众化传播者引导身边能够影响到的受众，以个别案例延伸出对社会前进发展中必然伴随着的一些负面衍生问题的理性解读，直面并坦诚群众内心有疑虑的现象和问题，启发受众正确对待社会发展中的曲折，缓解受众消极情绪，更有利于人民安心与工作，使社会主义法制建设健康有序进行。这种形式得到的马克思主义人生观、价值观教育，通常会使受众得到比正统教育更深刻的印象。这样既不剥夺受众满足特殊感官需求，又能提高受众对消极信息处理的能力，让受众精神升华，加深对马克思主义的理解。

论语中有这样一句话“见贤思齐，见不贤而内自省”，这给我们以启示，无论是积极因素还是消极因素，只要把握到位，就能实现变负面为正面的矛盾转化，以对群众进行“见贤使其思齐，见不贤帮其自省”的方式和手段，实现马克思主义的普及和大众化。

现代社会已然进入了这样一个娱乐文化盛行的时期，这是我们回避不了的，更不能忽视和排斥。娱乐的盛行对马克思主义大众化既有挑战，也给予了更加广阔的平台和机遇，利用大众传播的娱乐功能推进马克思主义大众化的进程是极具必要性的。

（三）是规范传媒娱乐、规范传播媒体，杜绝大众传播功能娱乐化的需要

歌德曾经说过：“对待群众，如果你是激起他们想要的情感，而不是激起他们应该有的情感，那就是个错误的让步。”大众传播真正的娱乐功能，是不背离马克思主义的，是健康的、有益的。重点在于规范传播主体，建构完善的娱乐传播体制。不是增多娱乐，将娱乐塞进其他的传播功能中造成泛娱乐化的局面，而是恪守大众传播各项功能的本职，不扩散娱乐，只是在娱乐功能应该存在的范围内，将马克思主义大众化内容渗透进

去,让娱乐功能承载着马克思主义进一步传播出去。

由于社会发展速度加快,改革步幅加大,市场经济进一步推进以及对外文化市场更大范围开放,大众传播在娱乐功能上也受到了不良的影响,出现了一些急功近利、社会效益后置、经济效益优先、为争夺受众而忽视传播内容品质的低俗化、庸俗化、逐利化现象。因此,传播者在这方面应站稳脚跟,顶住压力,让娱乐以一种健康向上的形象成为中国特色社会主义建设前行中的一个展示窗口,这个展示窗口要展现出其代表性的姿态,来吸引并引导社会上最广大群众理解并接纳马克思主义的大众化,传播者要担负起社会传播中舆论场环境控制的责任。马克思主义大众化传播必须在马克思主义理论的指导下进行,传播者要深入实践,既要抓住传播的普遍规律,又要充分掌握群众的思想动向和喜好,绝对不能不管不顾地只是一味刻板宣讲,填鸭式地生塞硬灌。马克思主义大众化的进程之所以在一定程度上不太尽如人意,原因之一就是很多传播者自身没有按照马克思主义的要求去进行宣传推广工作,受众并不是被动者,而是接收信息的主观选择者,如果不能深入群众去调查实践,就不能把握好传播规律,就不能亲身体会到受众的认知和接受规律,就会给马克思主义大众化传播造成阻碍。

(四)扩展马克思主义大众化传播平台和阵地的需要

互联网、新媒体的发展,使现代信息的选择权日渐掌握在受众手里,越来越趋向于传媒发布、受众按需点播的方式,受众自主选择权增强,这就需要用吸引受众的方式去吸引受众。“思想”可以借助形式载体来传播,大众传播的娱乐功能有最广泛的受众基础,马克思主义大众化传播者应充分利用这个有效的传播载体,使其成为马克思主义大众化传播主流渠道的辅助和补充,使马克思主义大众化传播渠道和路径更优化、更完整。

(五)增强马克思主义大众化传播效果长效性的需要

许多群众在谈及对马克思主义的理解时,反应首先是与自身关联性不大的空洞和遥远感。我们全民为之奋斗的理论,却被许多群众视为事不关己的事情,这是一个非常严峻的问题。马克思主义不能只板着脸高居庙堂之上说着只有研究者才能理解的理论,更重要的是要普及到群众当中去,让马克思主义接上地气,贴近群众、深入群众。群众不能很好地理解马克思主义,不能感同身受地理解中国特色社会主义,我们的事业就无法顺利进行。我们要以恰当的载体和方式让群众乐于和主动接受,而不是被动接收马克思主义,这已成为马克思主义大众化传播迫在眉睫的任务。

中国特色社会主义建设的发展迫切要求进一步推进马克思主义大众化进程,而马克思主义大众化若要做得更好,不仅需要增加更广泛的渠道,更需要巩固和保持传播效果。大众传播的四项基本功能包括信息告知功能、协调关系功能、文化传承功能以及提供娱乐功能,其中信息告知与文化传承功能在马克思主义大众化传播中应用较为普遍,如一般的学校教育、正规宣讲,马克思主义的中国化专题节目等都是作为马克思主义大众化传播的主流传播渠道。而大众传播的娱乐功能,却长期被视为低俗而与马克思主义大众化传播相分离,现实证明,大众传播的娱乐功能完全可以成为马克思主义大众化传播的重要拓展和补充载体。因为最广大的受众群体更容易接受的是更加通俗和贴近生活的传播内容,娱乐是承载这些内容的主要载体。

(六)践行社会主义传播制度的需要

社会主义传播制度最重要的特征就是党性。传播媒介和传播资源是国家的公有财产,不允许私人占有;传播媒介必须为工人阶级服务,必须接受共产党的思想和组织上的领导;媒介必须按照马列主义原理、社会主义的意识形态和价值体系来传播信息,宣传、动员、组织和教育群众;在服务于社会总体目标的同时,媒介应该满足广大群众的愿望与需求;国家有权监督和管理出版物,取缔反社会的传播内容。

娱乐是现代人离不开的一种生活方式。在这种情况下,一味地想要靠封堵和禁止来为马克思主义思想的传播打通道路是行不通的,既然不能阻止人们去接收这种底层需求的信息,我们就要独辟蹊径,明确娱乐的限度,提升娱乐的责任感,走出功能娱乐化误区,让娱乐功能更好地服务于马克思主义大众化。要深刻认识当前传媒在大众传播中对待娱乐功能的误区,杜绝娱乐渗透进其他传播功能中,也不能在娱乐功能中单纯追求空泛的娱乐消遣,而是应该重新找回娱乐功能的初衷,打造有利于群众身心健康的娱乐功能,让娱乐功能回归艺术、美感和健康,让马克思主义指导大众传播的娱乐功能建设,让大众传播的娱乐功能承载和扩展马克思主义大众化的广度,使受众得以在享受娱乐中提升自身马克思主义素养,塑造积极向上的马克思主义世界观、人生观、价值观。

第三节 重视传播效果

一、研究受众接受心理,转变话语机制

用拉斯韦尔的"5W"模式来对马克思主义当下在中国的传播与早期的马克思主义传播进行比较可以发现:传播者人数比以往更多,范围更加广泛;受众群体经历了一个从小众、分众到大众的转变过程;传播途径从口口相传、纸质媒体的传播、广播和电视媒体的传播到信息化的网络传播等,更加趋于多样化;传播内容更是经历了由少到多、由简入繁的过程;然而,在最终的传播效果上,受众的接受程度却呈现出了下降的趋势,现在的受众通常没有了早期马克思主义传播时的接受热情,显然这期间受众的心理变化是值得我们去探究的。

马克思主义大众化传播中应树立两方面的意识和理念:第一,隐蔽传播动机,第二,用敌对者的材料说明反证自己的观点。"重点在那些还没有卷入运动的群众",大众化的对象应该是那些没有受益于大众化的群众。有这样一个例子唐代佛教宣讲经文,分僧讲和俗讲两种。僧讲专对僧徒,俗讲则以普通人为对象。为了吸引听众,争取信徒,佛教僧侣在俗

讲时"往往把经文通俗化、故事化，以散文和韵文相结合，夹叙夹唱，以加强效果。俗讲的话本，称为变文。由于这种形式生动活泼，为人民所喜闻乐见，因此变文很快从最初只讲唱佛经故事，发展到包括历史故事、民间传说和当代人物传记等，成为一种新的文学体裁。"这可以看作是通俗化大众化显现出来的传播效果。但是，脱离理论自身的深刻性片面追求口语化，这是对当代中国马克思主义大众化的一种肤浅的理解。在语言符号的科学性问题上，不在于需要不需要抽象化语言，而在于抛弃那些没有实质性内容的假话、大话、空话，用自己的语言把抽象理论的内在逻辑表达出来。①

人文关怀是现实主义的又一个重要范畴。人既不是神的附属品，也不是"社会制度""政治理念"的附属品，恰恰相反，一切观念的、制度的、政治的东西都是人的创造物和附属品。人的任何牺牲与奉献的价值和意义，只有符合人的更大利益和道德追求、生命内涵才能确立，譬如为了群体的利益、民族的利益，为了理想和崇高的道德追求，为了个体生命价值（忠诚、坚韧、极限）的体现，等等，人的付出、苦役乃至牺牲才有价值。黑格尔说："理想性，在实在性之旁甚至或在实在性之外，事实上就只是一个空名。唯有当理想性是某物的理想性时，则这种理想性才有内容和意义，但这种某物并不是一个不确定的此物或彼物，而是被认为具有实在性的特定存在。"②

受众的接受心理使他们容易接受与自己处于同一位阶人的思想和观点，换言之，具有相同或相似社会地位的受众之间容易在意见上达成一致，一旦形成了相同的思想和观点，传播就能极大地提高效率。受众对来自权威人士和组织的信息容易接受和认同，但传播者的权威实际上是建立在受众自觉认同的基础上，而不是依靠某种强制力自行树立起来的，而受众认同的关键取决于传播是否满足受众的利益诉求、理论需求和实践

---

① 刘基，苏星鸿. 网络境遇中当代中国马克思主义大众化传播问题研究[M]. 北京：中国文史出版社，2014：180.

② 黑格尔. 小逻辑[M]. 第2版. 北京：商务印书馆，1980：212.

要求。受众还具有从众心理。个体总是自觉不自觉地受到网络群体的真实或想象意象的影响和制约，在知觉、行为或观点上发生与该群体多数人趋同性的变化。一般来说，一个群体满足受众信息需求的程度越高，受众的从众心理和行为就越强，反之就越弱；群体的合力越大，受众从众心理和行为就越大，不从众者失去信任的程度也越大。与从众心理相反的，受众还具有逆向心理，这是受众在固有的前见、潜在的立场和习惯的思维定式影响下，与传播者的思想观点相抵触的心理倾向。逆向心理在传播者和受众之间形成一个坚固的心理防线，使受众产生抵触情绪，对传播信息的含义进行曲解和篡改，致使传播力度减弱和转向，对整个传播活动产生消极作用。具有逆向心理的网民，一般都会对传播信息产生对抗、回避、歪曲和文饰等不良心理，使传播活动受到不同程度的影响。①

二、增强媒体、受众互动水平，完善反馈机制

生活着的个体的利益诉求难以在其需要对象身上得到满足，其价值理解和追求的“文本”尤使他们失望，从而无法达到行动上的自觉，所以在传播过程中，经常发生一些假互动、非对称互动的传播现象。

如果受众的思想理论水平和传播主体提出的思想理论要求之间没有差距，受众就失去了接受马克思主义传播信息的欲望和兴趣，传播活动就无法顺利进行。传播主体传递的传播信息不能与受众的思想理论需要毫无关联，也不能低于或远远超越其受众现有思想理论认识水平，否则就会引起受众的漠视、无奈、反感，传播效果就会大打折扣。我们做宣传思想工作，要有效避免发力多，做工少，效果不理想的弊端，就要真正做到“三贴近”。只有贴近了发力的对象、目标，我们才能知道往哪里发力，什么时候发力，发多大的力，发多长时间的力，我们也才能知道发力的功效。习近平指出，媒体要“既做到准时播出，又要使一些在第一时间看不到的

① 刘基，苏星鸿．网络境遇中当代中国马克思主义大众化传播问题研究[M]．北京：中国文史出版社，2014：152－156.

人能在第二时间补上。”[1]

1942年,在延安整风中,毛泽东讲道:“反对主观主义以整顿学风,反对宗派主义以整顿党风,反对党八股以整顿文风,这就是我们的任务。”他反对“党八股”。我们看看毛泽东“仿照八股文章的笔法”列举的“党八股”的八大罪状:第一条:空话连篇,言之无物(我们应当禁止一切空话);第二条:装腔作势,借以吓人(凡真理都不装样子吓人);第三条:无的放矢,不看对象(射箭要看靶子,弹琴要看听众);第四条:语言无味,像个瘪三(我们的同志都非学习语言不可);第五条:甲乙丙丁,开中药铺(这种方法就是形式主义的方法);第六条:不负责任,到处害人(拿不出来的东西就不要拿出来);第七条:流毒全党,妨碍革命;第八条:传播出去,祸国殃民(党八股里面藏的是主观主义、宗派主义的毒素)。毛泽东强调,必须抛弃“非常容易使革命精神窒息”的“党八股”。毛泽东提倡“生动活泼新鲜有力的马克思列宁主义的文风”。[2]媒体融合中的马克思主义大众化传播要求党和政府的形象实现软化,坚持群众路线才能在媒体融合中扎稳马克思主义大众化传播的群众基础。“党组织建在网络上”。媒体融合突出了受众的地位和作用,需要在传播的实践中回归受众中心。

三、提升媒体亲和力,提高解决实际问题的能力

马克思指出:“人们首先必须吃、喝、住、穿,然后才能进行政治、科学、艺术、宗教活动。”[3]以保障人民群众的根本利益为马克思主义大众化传播的根本。人们奋斗所争取的一切,都同他们的利益有关。[4] 这就要求中国马克思主义大众化传播必须与解决人民群众的实际利益结合起来,

---

① 侠客岛 . 解读中央深改小组第四次会议媒体融合早有征兆[OL]. http://media.people.com.cn/n/2014/0819/c40606 - 25494047.html 人民网转载海外网,2014 - 08 - 19.

② 毛泽东 . 反对党八股[OL]. 新华网 . http://news.xinhuanet.com/ziliao/2004 - 06/24/content_1544992.htm.

③ 马克思恩格斯全集 19 卷[M]. 北京:人民出版社,1963:374.

④ 马克思恩格斯全集 1 卷[M]. 第 2 版 . 北京:人民出版社,1995:82.

才能取得良好的传播效果。利用媒体融合趋势能够提升服务群众的能力，密切受众与媒体的亲和度，增强使马克思主义大众化传播受众的忠诚度。

毛泽东曾指出深刻地注意群众生活的问题的重要性。一切有关群众生活的问题，都应该列入自己的议事日程，加以讨论、决定、实行和检查。通过我们的工作，解决和满足群众的需要。“使广大群众认识我们是代表他们的利益的，是和他们呼吸相通的。”“使他们从这些事情出发，了解我们提出来的更高的任务，革命战争的任务，拥护革命，把革命推到全国去，接受我们的政治号召，为革命的胜利战斗到底。”①

马克思主义传播能否被受众接受的决定因素是受众的需要。推动新时代中国马克思主义大众化传播，必须从满足社会发展需要和个体身心发展需要的统一现实出发，高度关注人民群众的多层次多方面的需要。马克思主义中国化的理论只有给人们带来实际利益和由此而产生愉悦感，即所谓物质和精神的双重快乐，才能使理论为大众所认同和接受，进而实现大众化。推进当代马克思主义大众化传播，使当代中国马克思主义由主流意识形态转化为人民大众乐于接受的政治信仰，就要让人民大众充分认识到，当代中国马克思主义本质上也是为人民大众立言的，它具有大众立场，能够实现大众的根本利益。② 历史上黄海海战时，日本在战争中曾得意地说，这是日本全国与中国李鸿章一个人的战争。因为当时的清政府腐败堕落，中国人民既受到国外侵略势力的摧残，同时又被自己的国家政府压迫，清政府与日本的战争无论哪方获胜，人民都不会得到改善，都依旧处于水深火热之中。人民对清政府深恶痛绝的同时，不仅不关心战争成败，甚至会希望清政府失利。在这样的环境中，人民没有归属感和参与感，就不能发挥主动性去参与国家的发展。这给我们现如今提供了警鉴，在国家发展的同时，一定要让人民有归属感参与感获得感，才能与国同心举国同力，思想上统一战线，才能行动上统一战线，群众得到实

---

① 毛泽东．关心群众生活，注意工作方法[OL]．http://www.mzdbl.cn/maoxuan/maoxuan1/1－11.htm.

② 李春会．传播视域下的马克思主义大众化[M]．北京：人民出版社，2013：85－86.

惠和认同,才会对国家和社会认同。

全体成员的“根本利益”,这是一个社会“总能量”的积蓄。这种“总能量”是物质、精神、制度、文明、习俗、传统的“总量合成”。这个“总能量”是一个综合平衡的概念和要求。因而,这个社会“总能量”的蓄积和提升,就是全体社会成员的根本利益。如果一个社会的“总能量”不升反降,那么,尽管有的社会成员的具体利益可能提升,但是,总体上,社会成员的具体利益将下降。“社会和谐”有助于社会“总能量”的积蓄和提升;不和谐,就会导致对抗和破坏,就会造成社会“总能量”的降低和发展过缓,继续引发新的社会矛盾和对抗。

四、提高处理应急事件、化解负面舆情的能力

要同时提升突发社会问题解释的能力。主流传播渠道如党报党刊、国家宣传部门在群众心中是代表党、国家、政府、人民利益和立场发言发声的,当主流传播渠道的宣传失真时,国家形象受到的波及影响程度会更严重。主流传播渠道的传播者为做好马克思主义大众化传播工作,首先要在受众中树立起稳定牢固的正面形象和可信度,保持权威性,不能让受众产生抵触情绪。如2015年1月29日《焦点访谈》曝光的打人事件还原真相,不偏不倚,让一致声讨警察的受众从整体上看清事件的原因、发展,双方状况都一目了然,既不对代表国家执法部门的警察做辩解,又没有一味对肇事方给予谴责,以公正立场用事实启发受众对公正是非的认识,使受众与媒体的互信感增强,这就有利于正确价值观的树立和判断。同时对于危机事件的处置要做到“双处置+双进入”:所谓“双处置”,是指从前对于危机事件只需要处置事件本身,但在互联网时代,对于公共危机事件需要对事件和舆论同时处置。从机制上说,就是要同时成立“事件处置小组”和“临时新闻中心”。但这两个机构之间要相互进入:事件处置小组针对事件所采取的每一步措施都要通过临时新闻中心,以方便新闻中心及时对外发布准确的官方消息,从而占领舆论的主动权;反之,临时新闻中心对外公布每条消息之前,都要经过事件处置小组的授权和认可,

以保证对外发布的是经过核实的、口径一致的准确消息。这种相互协作、相互负责的关系就叫作“双进入”。①

另外,要提高防范西方各种思潮对我国主流意识形态的冲击。解构主义是属于后现代主义思潮,其代表性的人物是法国哲学家雅克·德里达。德里达对西方社会的传统哲学进行了彻底的批判,主张“反对形而上学、逻各斯中心主义,乃至一切封闭僵硬的体系,结构运动宣传主体消散、意义延异、能指自由。换言之,它强调语言和思想的自由嬉戏。”②中国网民也间接地受到后现代主义思潮的影响,表现在文化上的解构性,即对传统文化批判的叛逆和对主流价值观的消解。在媒体融合背景下,这种文化的解构不会导致政治上的麻烦和道德上的困扰,所以网络就成为青年网民的一个优选阵地。在媒体融合背景下,广大网民尤其是青年网民通过发布批判性的言论和参与叛逆性的活动,彰显了自己的独特个性,满足了自我价值实现的需要,对传统文化产生强大的解构力。这种具有挑战性的解构言行,容易得到其他网民的注意和支持,也容易产生轰动性的传播效应,在客观上也强化了广大网民的解构言行。在解构的过程中缺乏正确的价值导向,往往会造成价值失序、价值失控、价值真空等不良现象,影响社会秩序的稳定与经济的发展。在信息时代,谁控制了信息,谁就控制了世界。在媒体融合背景下当代中国马克思主义大众化传播中,一方面,必须改变传统传播的“宏达叙述”方式,增加微观叙述的成分,关注人的日常生活世界,解决个体的心理和价值困惑,为“宏大叙述”补充实证性的资料,提供学理上的身后支撑,形成两者互为补充、相得益彰的表述方式,这样才能更好地满足网民个性化发展的要求;另一方面,着力引导各种文化批判思潮的发展方向,使网络自觉地运用马克思主义的立场、观点和方法对各种社会思潮进行批判,彰显当代中国马克思主义的真理魅力,反对各种反马克思主义,抵制各种非马克思主义,在借鉴人

① 王君策划统筹. 党校精品课2[M]. 北京:中共中央党校出版社,2013:274.

② 王泉,朱岩岩. 解构主义[J]. 外国文学,2004(3):67-72.

类文明成果的基础上实现当代中国马克思主义的与时俱进,这是提高当代中国马克思主义大众化影响力的应有之义。

第四节 构建马克思主义大众化理想传播模式及效果评价标准

一、媒体融合背景下马克思主义大众化传播过程的理想模式

在马克思主义大众化传播过程中,人民群众是主要力量,无产阶级是阶级基础,党是核心力量,政治家理论家是精英,但是只有少数政治精英和文化学者的参与,还不算真正的大众化,只有充分发挥广大干部和群众的主体力量,扩大参与的阶层群体和传播的受众范围,马克思主义真正做到普及,被人民群众所掌握,才算是真正意义上的大众化。一旦过多地由行政力量强行推进,带上某种“官气”,可能会导致普通民众对其敬而远之。就像2016猴年春晚从头到尾的“高调”腔,在非官方群体中收到了较多的差评。马克思主义大众化传播不仅指向受众的思想,使其在世界观、人生观、价值观上发生彻底的转变,而且也要指向受众的行为,使其在行为方式上发生根本性的变化,其成败主要取决于受众能否自觉地接受和灵活地应用当代中国马克思主义,标志是当代中国马克思主义是否成为人民群众的内在信仰和外在行为。

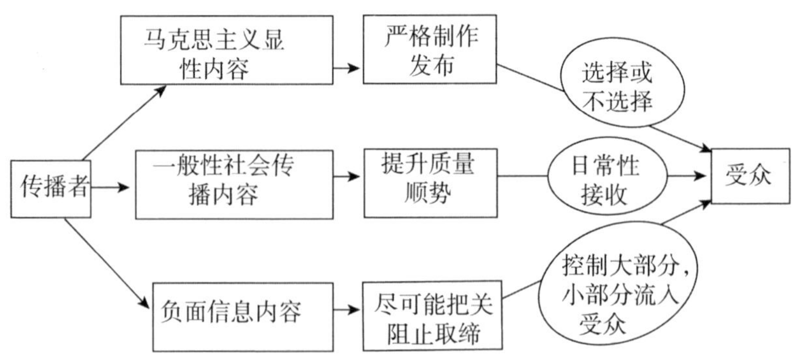

马克思主义大众化传播者在进行马克思主义大众化传播时需要在三个方面做重点关注。

首先,对显性的马克思主义大众化传播内容进行精准、细致、严格的制作和发布,保证马克思主义大众化的集中、大量传播质量,守住传统显性传播的集中性阵地。如集中的马克思主义学习网络平台、主题明确的纪录片、专业的马克思主义大众化书籍的出版等,都依旧不能松懈。另外要注意更新显性传播的形式。各大主流媒体、党报、政府部门的“小编点评”“小编互动”,是媒体融合趋势下顺应规律的一种成功尝试。各大具有权威性的主流媒体部门放下高高在上的身段,揭开以往较为神秘严肃的面纱,“硬新闻”表现方式“软化”,以平民化的话语方式贴近受众,取得较好的互动沟通交流效果,也为马克思主义大众化的顺利进行奠定了良好的受众心理接受基础,创造了轻松的传受环境。

当今时代是媒介分众化、信息“碎片化”和社会舆论日趋多元化的时代,这就决定了重大主题报道必须整合多种传播资源,形成合理的规模和声势,进而发挥确立主导舆论、凝聚社会共识、服务国家发展的关键作用。如 2012 年 8 月份在央视午间《新闻 30 分》播出的一个版块《数字十年》。《数字十年》虽然讲的是国家的进步,但该系列报道摒弃了居高临下的传统解说方式,采用平民视角和轻松亲切的故事化表述方式与观众交流,画面温馨,把看似宏大而“遥远”的报道主题转化为广大受众切身可感的“近”新闻,真正做到了从受众关注的角度寻找切入点,因而易于为受众所接受。①

其次,在一般性的社会传播中,有意识地将马克思主义的立场、观点、方法附着上去,提升一般性社会传播内容的思想高度和内涵水平,让这部分受众接触和接收最广泛的信息源成为潜移默化的马克思主义大众化传播游击阵地。如从 2012 年开始陆续推出的军普漫画《那年那兔那些事

① 本书编写组. 实践中的马克思主义新闻观——新闻报道经典案例评析[M]. 北京:高等教育出版社,2015:12.

儿》在各大视频网站上播放,作者逆光飞行用漫画的形式,幽默诙谐、生动活泼地将近代世界历史和中国历史的一系列重要事件展现出来,以各种可爱的形象,如兔子象征中国人、"种花家"谐音"中华家"、白头鹰象征美国、白熊象征苏联,脚盆鸡象征日本等等,用萌萌的动画演绎了历史事件,几年来吸引了无数网友的关注,现已更新至第四季,在潜移默化中感染受众,激发了受众的爱国情怀,提升了道德情操。这是媒体融合中出现的非常典型而成功的隐性社会传播的案例。

最后,严格把关不利于社会发展的负面信息的传播,及时了解和接收受众的反应,以免造成受众的抵触和逆反。在内容把关的同时,更要了解受众思想动向,及时为受众排疑解难,树立起受众思想上自身的把关防线。现在的马克思主义大众化传播主要受众范围广,受众的心理和生理、世界观、人生观、价值观及思维模式都各有差异,媒体融合时代的到来也恰好给他们带来了快捷和便利,许多受众对世界具有很强烈的好奇心,具有激情和探索精神,感性思维占主导,理性思维相对来说比较弱势。在网络中获取大量新鲜的有趣的较之正规学习中所不能得到的乐趣和快感,这样,网络中的信息很轻易地就能到达受众,不良信息尤其泛滥。而人多具有或强或弱的叛逆性,如果传播者只是一味地进行打压式显性把关,禁止接触网络上的不良信息,例如有的家长在孩子电脑上安装可以过滤不良信息的浏览器,虽一定程度上能起到隔离作用,但青少年的好奇心并不是那么容易被满足的,越是不让接触的东西,越能引起他们的好奇和兴趣,他们会通过各种方式亲自揭开神秘的面纱。这样更不利于青少年健康心理的形成。与其让受众自己秘密接触不良信息,不如将这些糟粕选择性地案例式公开化,让其在监督和正确引导下来对这些信息进行正面的理解和认识,在对不良信息显性把关的放松下,加强对不良信息的隐性把关,在理解各群体受众心理特点的情况下使用"怀柔政策",与其让他们自己私下接收这些垃圾信息理解偏颇浮想联翩,倒不如坦坦荡荡地由传播者和他们一起探讨,进行指导沟通交流,变显性信息控制为隐性思维疏通,这种对思维模式的把关更有利于受传播者的心理的健康成长和思想道德素质的提高。

传播学的涵化理论认为,在现代社会,大众传媒提示的“象征性现实”对人们认识和理解现实世界发挥着巨大影响,是一个长期的、潜移默化的、“教养”的过程,它在不知不觉当中制约着人们的现实观。社会要作为一个统一的整体存在和发展下去,就需要社会成员对该社会有一种“共识”。大众传媒在形成现代社会的“共识”方面发挥了巨大作用。大众传媒具有特定的价值和意识形态倾向,通过“报道事实”“提供娱乐”等形式传达给受众,从而潜移默化地形成人们的现实观、社会观。当大量信息导致不同社会群体的意见趋同化,教养效果在人口的某一特定群体中非常突出时,就会发生共鸣。“教养”是一个“双向吸引”过程。“主流化”作用并不是对所有人都有影响,而且其效果也是因为传播的内容而异。

传统的效果研究关心短期的效果,这是刺激—反应理论或皮下注射论、魔弹论的范式,而涵化分析认为媒介最主要的效果并非在改变受众,而是维持某种社会结构,使观众对世界的认知符合既有的价值规范和政治经济论秩序。涵化理论所关注的是电视对观众产生潜移默化的长期效果,认为媒介提供给社会各阶级的人一套同质化的“隐藏课程”,提供一个环境,并且对不同的人提供一套对生活、生命的解释。它的效果不在于使受众产生变化,而是要使受众不发生变化。理论上讲,涵化理论的一些结论某种程度上印证了英国文化研究派、法兰克福学派等的电视媒介影响受众意识形态的观点,是对符号理论、意义理论和模式化理论的合理继承与发展。

二、马克思主义大众化传播的评价标准

马克思主义大众化传播需经历内化和外化两个过程。内化是传播者帮助受众学习和接收马克思主义相关知识体系,构建正确思维方式的过程,是一个由外部接收到内部消化的转化过程。“知为行之始,学为用之先”,内化的过程就是“知”和“学”的过程。外化是受众将接收到的观念

从思想层面转化为实际行动的过程。作为马克思主义大众化传播，只到"外化为行"还不够，还需要进一步固化，通过外化行为再次螺旋上升为进一步的内化，完成一次否定之否定的提升。

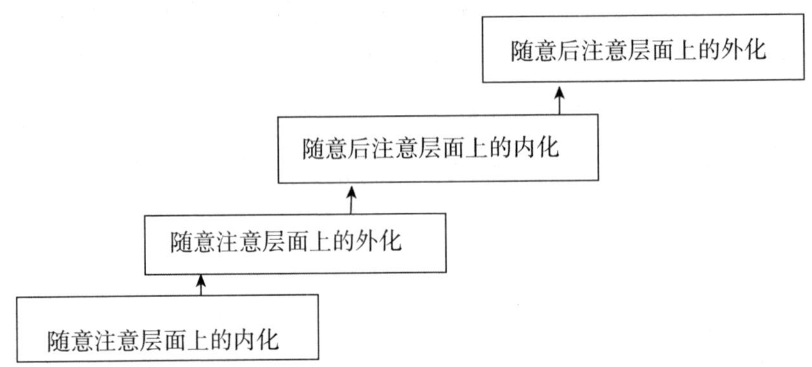

注意是心理接收信息的过程，具有指向性和集中性。[①] 注意不同于意识，一般说来，注意是一种心理活动或"心里动作"，而意识主要是一种心理内容或体验。注意提供了这样一种机制：决定什么东西可以成为意识的内容，而什么东西不可以。同时，注意和意识密不可分。当人们处于注意状态时，意识内容比较清晰。[②] 当注意指向并集中在一定对象上之后，会延续一定时间，维持心理活动的持续进行。这时被选择的对象或信息居于意识的中心，非常清晰，人们容易对它做进一步的加工处理。注意是在实践活动中发展起来的，并对实践活动起着重要作用。注意的方向性和强度不仅受客观刺激物特点的影响，也受个人知识经验以及个性特征的制约。人的心理活动常常有选择地集中于对他有影响的事物上。不同的人有不同的兴趣、气质、性格、信念和世界观等，因而他们的注意方向和紧张度有所区别，甚至他们对事物属性的认识范围和深刻程度也有所不同。[③] 根据引起注意和维持注意时是否有目的、有意识，是否需付出意志的努力，可以把注意分为不随意注意、随意注意和随意后注意。不随意

① 张钦．普通心理学[M]．北京：中国人民大学出版社，2012：132.

② 张钦．普通心理学[M]．北京：中国人民大学出版社，2012：132－133.

③ 张钦．普通心理学[M]．北京：中国人民大学出版社，2012：133.

注意是无预定目的、不需任何意志努力的注意。随意注意(有意注意)是有预定目的的、需要一定意志努力的注意,受意识的自觉调节和控制。随意后注意也叫作有意后注意,是一种有自觉的目的,但无须意志努力的注意。现在的马克思主义大众化传播多以随意注意层面的内化到外化为终结,这是不够的。进一步深入,固化为随意后注意层面的内化到外化,才能体现马克思主义大众化传播的最终成果和目的。实现随意后注意层面的内化到外化,使受众的行为由应然到实然,由刻意而为到理所当然,由外化到内化,马克思主义大众化传播才能被看作是成功的。要重新定义、界定马克思主义大众化传播的评判标准,马克思主义大众化传播所要达到的效果。

(一)随意注意层面上的内化转为外化

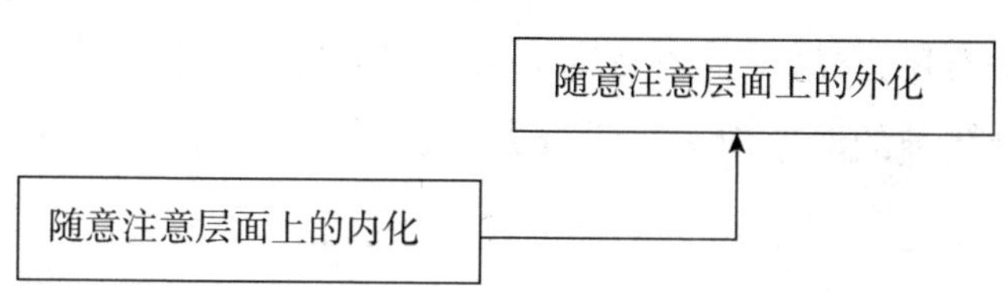

这种注意由人预先确定的目的和任务来决定。对活动的结果和意义理解越深刻,就越能产生集中注意的要求和决心,注意也就越能集中和稳定。受传者接收到传播者传递的信息后,会对信息在自己的头脑中有一个处理、理解、消化、接受的过程,这个过程就是内化。受传者将信息内化为自身认可的状态后,才会有意识地在日常活动中以这种被自身认可的信息为指导来规范自己的行为。思想有意识地转化为行为,就完成了随意注意层面上的内化到外化的转化,也就实现了传播在广泛层面上的实现。现在的马克思主义大众化传播基本上将这种转化看作传播过程的完成和实现。笔者认为这只是第一个阶段。马克思主义大众化传播还应该有更深入的要求和标准,继续深化和推进到随意后层面上去。

(二)随意注意层面上的外化转化为随意后注意层面的内化

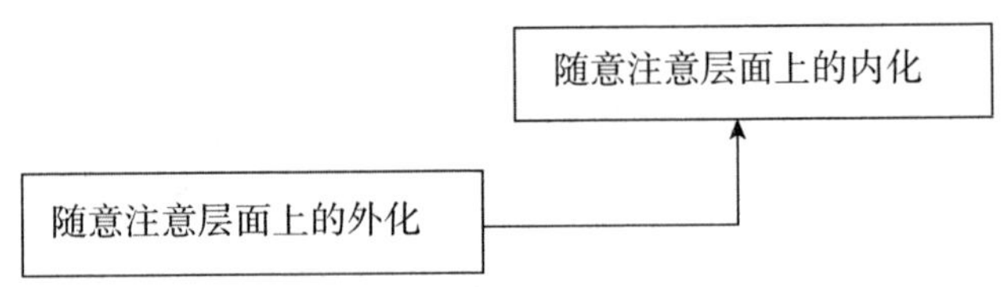

它同时具有不随意注意和随意注意的特征。随意后注意是在随意注意的基础上发展起来的。随意后注意既服从于当前的活动目的与任务，又能节省意志的努力,因而对完成长期、持续的任务大有益处。

由随意注意层面上的外化,经过对外化行为的感受和体验,形成自身对行为方式更高级的理解和感触,从而达到进一步思想上的提升和升华,将理解巩固成为随意后注意,完成从随意注意层面上的外化到随意后注意层面上的内化,形成受传者自身更为坚固的思维模式和价值标准,以这种融于自身精神的潜意识去自觉行为。

(三)随意注意层面的内化转化为外化形成自觉行为

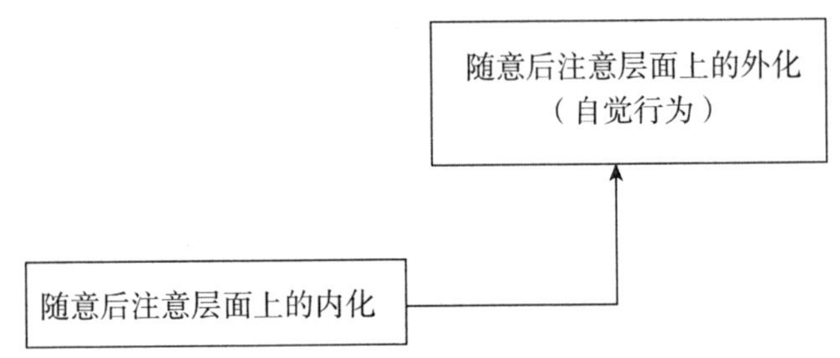

刚开始学习任何知识或技能时,都需要人主观的努力和自觉的目的,但是如果我们能够加深对活动目的的理解和对活动本身的兴趣,使随意注意发展为随意后注意,使自己自然而然地沉浸其中,就能够取得更大的成就。让受众在实践行动中一次又一次地实现思想上的提升和固化,将马克思主义的思想要求深深印在自己的潜意识层面,不用刻意去想便会自然而然地流露出来,能够将思想和行为更加贴切地融于一体。

随意后注意层面上的内化完成后,才会成为个人无须思考就会自觉做出的行为。深层意识中的认可,是一个人思想中得到加固的观念,在这种融于自身的观念的指导下的行为,是无须考量和纠结的。第一个过程是自身应该如何去行为,第二个过程是有意识的行为的积累,慢慢行为形成巩固的观念,进而形成自身的反射性处事原则,也是第三个过程的完成。

小说《倚天屠龙记》中有这样一个情节让人印象深刻。六大门派围攻光明顶时张三丰教张无忌太极八卦拳,第一遍,张无忌对招式记住了一半,第二遍,已经忘掉记住的一半了,第三遍,忘掉了一大半,第四遍,全部都忘掉了。但是,忘掉了具体招式,太极八卦拳具体招式具体应对的精髓却牢牢融入了张无忌的内心,达到了以无形克有形,见招拆招的效果。虽然只是夸张的文学小说表达,但笔者认为这对当前马克思主义大众化传播需要达到的效果是一个非常生动形象的鲜活的比喻。

马克思认为道德的基础是人类精神的自律。马克思主义大众化要达到的效果以受众能够以马克思主义指导自己的生活实践为标准。我国的马克思主义大众化传播是以培养社会主义合格建设者和接班人为目的的传播活动,无论从意识形态还是从学术形态讲,都是当代中国的主导性的政治文化,它们要真正发挥对上层建筑的主导意识形态功能,就必须转化为大众形态的马克思主义。

结　语

媒体融合进程中马克思主义大众化传播对社会的影响是一个长期的、量的积累的过程。党的十九大报告中指出，要"解决好世界观、人生观、价值观这个'总开关'问题，自觉做共产主义远大理想和中国特色社会主义共同理想的坚定信仰者和忠实实践者。"①"一种理论观念的强大之处就在于，一旦越来越多的人认识到它的正确性，它就会顽强地存在于人们的意识之中，无论遇到的障碍有多大，它总有一天会变成现实。"②德国哲学家黑格尔说过："凡一切实存的事物都存在于关系中，而这种关系，乃是每一实存的真实性质。因此，实际存在着的东西不是抽象的孤立的，而只是在一个他物之内的。"③黑格尔曾经列举一个著名的例子，形象地说明"过程即真实"。他说："花朵开放的时候，花蕾消失，人们会说花蕾是被花朵否定掉了的；同样的，当结果的时候，花朵又被解释为植物的一种虚假的存在形式，而果实作为植物的真实形式出而代替花朵的。这些形式不但彼此不同，并且互相排斥互不相容。但是，它们的流动性却使他们同时成为有机统一体的环节，它们在有机统一体中不但不互相抵触，

① 习近平．决胜全面建成小康社会 夺取新时代中国特色社会主义伟大胜利——在中国共产党第十九次全国代表大会上的包噶[M]．北京：人民出版社，2017：63.

② 章国锋．哈贝马斯访谈录[J]．外国文学评论，2000(1)：27－32.

③ 黑格尔．小逻辑[M]．第2版．北京：商务印书馆，1980：281.

而且都同样是必要;而正是这种同样的必要性才构成整体的生命。”[①]列宁说得又进一步:“就本来的意义说,辩证法就是研究对象的本质自身中的矛盾:不但现象是短暂的、运动的、流逝的,只是被假定的界限所划分的,而且事物的本质也是如此。”他还说:“客观地运用的灵活性,既反映物质过程的全面性及其统一性,就是辩证法,就是世界永恒发展的正确反映。”[②]

实现中华民族的伟大复兴,是中华民族近代以来最伟大的梦想。这个梦想,凝聚了几代中国人的夙愿,体现了中华民族和中国人民的整体利益,是每个中华儿女的共同期盼。实现伟大梦想,必须进行伟大斗争,建设伟大工程,推进伟大事业。历史告诉我们,每个人的前途命运都与国家和民族的前途命运紧密相连,国家好、民族好,大家才会好。“得其大者可以兼其小。”只有把每个中国人的人生理想融入国家和民族事业中,才能既成就个人事业,又推进国家和民族事业的发展。民族复兴是坚守中国特色社会主义道路的强大理由。悲观和消极抱怨解决不了社会问题,甚至可能增大社会发展的阻力。我国社会发展中虽然存在缺陷,有许多现象让我们不满、不解甚至失望,但这样一个客观事实不容否认:目前为止世界上任何一个国家都存在各种各样的社会问题,发展到完美程度的国家是不存在的。祖国和我们血脉相连永远割舍不断,若我们不努力改善她,而是嫌弃甚至抛弃她,那最终被抛弃的将会是我们自己。我们不能因为发展中的阶段性矛盾就否定中国特色社会主义道路的正确性,应该坚定社会主义共同理想。我国正处于并将长期处于社会主义初级阶段,实现中国梦,创造全体人民更加美好的生活,任重而道远,需要我们每一个人继续付出辛勤劳动和艰苦努力。必须紧紧依靠人民、始终为了人民,只有紧密团结,万众一心,坚定社会主义的理想信念,理智爱国,理性看待社会发展中出现的阶段性问题,积极参与中国特色社会主义建设,就一定

① 黑格尔. 精神现象学上卷[M]. 北京:商务印书馆,1981:2.

② 列宁. 哲学笔记[M]. 中共中央马克思恩格斯列宁斯大林著作编译局译. 北京:人民出版社,1974:112.

能像习近平主席描述的那样，共同享有人生出彩的机会，共同享有梦想成真的机会，共同享有同祖国和时代一起成长与进步的机会。就一定能顺利实现中华民族伟大复兴的目标。

习近平强调，要科学统筹各项改革任务，推出一批能叫得响、立得住、群众认可的硬招实招，突破“中梗阻”，防止不作为，把改革方案的含金量充分展示出来，让人民群众有更多获得感。[①]

当前，改革已进入深水区，改革是一项复杂的系统工程，是一个循序渐进的过程，随着改革的不断深入，新矛盾、新问题、新情况也会不断出现。在百姓眼中最为显著的一个问题就是一部分人的确先富裕起来了，而有些人却还在为房子、为看病、为子女上学发愁。改革的发展速度、发展成果在这些人身上并没有成比例上升。新老问题叠加，新旧矛盾交织，既有思想观念束缚之阻，亦有利益固化藩篱之绊，风险之大、挑战之巨，这样的情况，各级党委和政府必须要在中央的统一部署下，用“一锤接着一锤敲”的实干，牵住“牛鼻子”，抓准主要矛盾，出硬招实招，突破“中梗阻”，尤其是要从跟百姓利益息息相关的“小切口”入手，从而达到以点带面，牵一发而动全身之效。习近平总书记的“让人民对改革有更多获得感”道出了百姓心声，顺应民生，温暖人心。“思之深，则行之远”。习总书记“让人民有更多获得感”提出了要求，下达了任务。我们要树立全局观念、整体意识，共同吟唱好这场改革的“大合唱”，让改革善做善成。尤其是要着力推进民生制度的建立和完善，以增加城乡居民收入、缩小分配差距为重点，改革收入分配制度，推动形成合理有序的收入分配格局等，织牢民生保障“安全网”，不断激发社会的创造活力，使改革红利深入社会最基层抵达最广泛的人群之中。因而，不断优化让收入、社会分配等民生机制，让改革红利惠及更多的人，才能使人民的切身利益同改革的命运紧密联系在一起，使改革得到人民更广泛的认同、拥护和支持，

---

① 习近平“让人民有更多获得感”道出百姓心声，肖映铭，人民网－中国共产党新闻网，2015－02－28，http://cpc.people.com.cn/xuexi/n/2015/0228/c385478－26613468.html.

在获得感增加的同时,也会更加认同我国的指导思想和意识形态,达到马克思主义大众化传播与人民切身利益和幸福感都不断提升相互促进相辅相成。

我们深知前行之路必然存在艰难险阻,但我们坚信,马克思主义大众化传播定会乘着媒体融合趋势的风帆在决胜全面建成小康社会、夺取新时代中国特色社会主义伟大胜利、实现中华民族伟大复兴的中国梦、实现人民对美好生活的向往的实践中扬帆远航。

主要参考文献

学术著作：

[1]马克思恩格斯全集1卷[M]. 北京:人民出版社,2版1995

[2]马克思恩格斯全集2卷[M]. 北京:人民出版社,1957.

[3]马克思恩格斯全集3卷[M]. 北京:人民出版社,1960.

[4]马克思恩格斯全集7卷[M]. 北京:人民出版社,1959.

[5]马克思恩格斯全集18卷[M]. 北京:人民出版社,1964.

[6]马克思恩格斯全集19卷[M]. 北京:人民出版社1963

[7]马克思恩格斯全集20卷[M]. 北京:人民出版社,1971.

[8]马克思恩格斯全集26卷1册 [M]. 北京:人民出版社,1972.

[9]马克思恩格斯全集27卷[M]. 北京:人民出版社,1972.

[10]马克思恩格斯全集41卷[M]. 北京:人民出版社,1982.

[11]马克思恩格斯全集42卷[M]. 北京:人民出版社,1979.

[12]马克思恩格斯全集46卷下册[M]. 北京:人民出版社,1979.

[13]马克思恩格斯文集2卷[M]. 北京:人民出版社,2009.

[14]马克思恩格斯选集1卷[M]. 北京:人民出版社,2版,1995.

[15]列宁选集2卷[M]. 北京:人民出版社,第3版,1995. 375

[16]列宁全集5卷[M]. 北京:人民出版社,第2版,1986.

[17]毛泽东选集2卷[M]. 北京:人民出版社,2版1991.

[18]毛泽东选集3卷[M]. 北京:人民出版社,2版,1991.

[19]毛泽东文集第2卷[M]. 北京:人民出版社,1993.

[20]邓小平文选第二卷[M]. 北京:人民出版社,1994.

[21]邓小平文选第三卷[M]. 北京:人民出版社,1993.

[22]江泽民. 论党的建设[M]. 北京:中央文献出版社,2001.

[23]习近平. 决胜全面建成小康社会 夺取新时代中国特色社会主义伟大胜利——在中国共产党第十九次全国代表大会上的报告[M]. 北京:人民出版社,2017.

[24]中国共产党章程[M]. 北京:人民出版社,2017.

[25]陈力丹. 精神交往论:马克思恩格斯的传播观[M]. 北京:中国人民大学出版社,2008.

[26]陈力丹. 马克思主义新闻观思想体系[M]. 北京:中国人民大学出版社,2006.

[27]王君策划统筹. 党校精品课2[M]. 北京:中共中央党校出版社,2013:265.

[28]陈绚. 新闻传播伦理与法规教程[M]. 北京:中国传媒大学出版社,2007.

[29]李泽厚. 马克思主义在中国[M]. 香港:民报出版社,2006.

[30]陈汝东. 传播伦理学[M]. 北京:北京大学出版社,2006.

[31]康德文集[M]. 北京:改革出版社,1997.

[32]新华社新媒体中心编. 中国新兴媒体融合发展报告[M]. 北京:新华出版社,2014.

[33]陈力丹. 解析中国新闻传播学2015[M]. 北京:人民日报出版社,2015.

[34]《国际共产主义运动史文献》编辑委员会编译. 共产主义者同盟文化和资料第一卷[M]. 北京:中国人民大学出版社,1989.

[35]鲁迅. 鲁迅全集第1卷[M]. 北京:人民文学出版社,2005.

[36]崔耀中. 中国马克思主义大众化研究历史进程和基本经验

[M]. 北京:中国人民大学出版社,2013.

[37]中共中央党史研究室编. 中国共产党历史2卷上册[M]. 北京:中共党史出版社,2011.

[38]肖东波. 中国共产党理论建设史(1949—1956)[M]. 北京:中共党史出版社,2006.

[39]马齐彬,等. 中国共产党执政四十年[M]. 北京:中共党史出版社,1991.

[40]何东昌,中华人民共和国重要教育文献(1949—1975)[M]. 海口:海南出版社,1998.

[41]李春会. 传播视域下的马克思主义大众化[M]. 北京:人民出版社,2013.

[42]郭庆光. 传播学教程[M]. 北京:中国人民大学出版社,1999.

[43]【法】让·弗朗索瓦·奥利塔. 后现代状况:关于知识的报告[M]. 车槿山,译. 上海:生活·读书·新知三联书店,1997.

[44]张国良.20世纪传播学经典文本[M]. 上海:复旦大学出版社,2005.

[45]刘京林. 大众传播心理学[M]. 第2版. 北京:中国传媒大学出版社,2005.

[46]康荫. 邓小平新闻宣传思想概论[M]. 北京:北京广播学院出版社,1999.

[47]林之达. 传播心理学新探[M]. 北京:北京大学出版社,2004.

[48]椿桦,舆论尖刀[M]. 广州:花城出版社,2007.

[49]段鹏. 传播学基础:历史、框架与外延[M]. 北京:中国传媒大学出版社,2006.

[50]胡正荣. 传播学总论[M]. 北京:中国传媒大学出版社,1997.

[51]冯宋彻. 多维视域的大众传媒[M]. 北京:中国传媒大学出版社,2009.

[52]李彬. 符号透视:传播内容的本体诠释[M]. 上海:复旦大学出

版社,2003.

[53]马歇尔麦克卢汉. 理解媒介——论人的延伸[M]. 何道宽,译. 北京:商务印书馆,2000.

[54]刘晓红,卜卫. 大众传播心理研究[M]. 北京:中国广播电视出版社,2001.

[55]薛启亮. 宣传工作概论[M]. 北京:中央党校出版社,1995.

[56]胡志毅. 现代传播艺术:一种日常生活的仪式[M]. 杭州:浙江大学出版社,1997.

[57]欧阳林. 思想政治教育传播学[M]. 北京:北京交通大学出版社,2005.

[58]赵家祥,聂锦芳,张立波. 马克思主义哲学教程[M]. 北京:北京大学出版社,2003.

[59]【美】梅尔文·德弗勒,桑德拉·鲍尔. 大众传播学诸论[M]. 北京:新华出版社,1990.

[60]鲁迅. 集外集拾遗[M]. 北京:人民文学出版社,1973.

[61]邵瑞. 中国媒介教育[M]. 北京:中国传媒大学出版社,2006.

[62]蔡帼芬,刘笑莹. 事实与建构:国际新闻的理论与实践[M]. 北京:中国传媒大学出版社,2008.

[63]韩喜平,庞雅莉,穆艳杰. 马克思主义经典著作精选导读[M]. 长春:吉林大学出版社,2007.

[64]冷溶. 中国特色社会主义与全面建设小康社会[M]. 北京:社会科学文献出版社,2008.

[65]程伟礼,戴雪梅. 中国特色社会主义思想史[M]. 上海:学林出版社,2009.

[66]林之达. 传播心理学新探[M]. 北京:北京大学出版社,2004.

[67]王瑞荪. 比较思想政治教育学[M]. 北京:高等教育出版社,2001.

[68]南国农,李运林. 教育传播学[M]. 第2版. 北京:高等教育出

版社,2005.

[69]中共中央文献研究室. 新中国成立以来重要文献选编 2 册[M]. 北京:中央文献出版社,1992.

[70]颜晓峰. 铸造推进马克思主义大众化新辉煌[M]. 北京:解放军出版社,2012.

[71]侯波. 马克思主义大众化思想与规律性研究[M]. 北京:中国社会科学出版社,2011.

[72]周鸿铎. 政治传播学概论[M]. 北京:中国纺织出版社,2005.

[73]陈运普. 邓小平与马克思主义大众化[M]. 北京:社会科学文献出版社,2011.

[74]白亚锋. 马克思主义大众化研究[M]. 北京:中国农业科学技术出版社,2011.

[75]李庆霞. 全球化进程中的马克思主义[M]. 黑龙江:黑龙江人民出版社,2007.

[76]张世飞."五四"时期马克思主义大众化经验研究[M]. 北京:中国社会科学出版社,2011.

[77]【美】斯蒂芬·李特约翰. 人类传播理论[M]. 第 7 版. 史安斌译. 北京:清华大学出版社,2004.

[78]李辉,许文贤. 中国化马克思主义教育概论[M]. 北京:人民出版社,2005.

[79]苏颂兴,胡振平. 分化与整合:当代中国青年价值观[M]. 上海:上海社会科学院出版社,2000.

[80]艾思奇. 大众哲学[M]. 北京:人民出版社,2009.

[81]孙庚. 传播学概论[M]. 北京:中国人民大学出版社,2010.

[82]李彬. 大众传播学[M]. 北京:清华大学出版社,2009.

[83]宋志明,吴潜涛. 中华民族精神论纲[M]. 北京:人民大学出版社,2006.

[84]陈先达. 马克思主义基础理论若干重大问题研究[M]. 北京:

经济科学出版社,2009.

[85]【美】迈克尔·辛格尔特里.大众传播研究:现代方法与应用[M].刘燕南等译.北京:华夏出版社,2002.

[86]【美】希伦·A·洛厄里等.大众传播效果研究的里程碑[M].第3版.北京:中国人民大学出版社,2004.

[87]商志晓.马克思主义大众化研究[M].济南:山东人民出版社,2013:34.

[88]祝智庭.信息教育展望[M].华东师范大学出版社,2002.

[89]李剑萍,魏薇.教育学导论[M].北京:人民出版社,2000.

[90]赵水忠.数字化侵害——中国青少年网络问题报告[M].北京:中国社会科学出版社,2002.

[91]李松.底层民意——中国社会心态调查[M].北京:新华出版社,2014.

[92]【美】沃纳·赛弗林,小詹姆斯·坦卡德.传播理论:起源、方法与应用[M].第4版.北京:华夏出版社,2000.

[93]薛启亮.宣传工作概论[M].北京:中央党校出版社,1995.

[94]杨芷英,王希永.思想政治教育心理学[M].北京:首都师范大学出版社,1995.

[95]刘基,苏星鸿.网络境遇中当代中国马克思主义大众化传播问题研究[M].北京:中国文史出版社,2014.

[96]《马克思主义与当代中国论丛》编辑委员会.马克思主义与当代中国论丛第一辑[M].北京:中央文献出版社,2013.

[97]王正鹏.报纸突围——数字时代传统媒体变身记[M].广州:中山大学出版社,2010.

[98]【美】威尔伯·施拉姆,威廉·波特.传播学概论[M].陈亮、周立方、李启译.北京:新华出版社,1984.

[99]钟敬民.民俗文化学:梗概与兴起[M].北京:中华书局,1996.

[100]常昌富,李依倩.大众传播学:影响研究范式[M].关世杰等

译. 北京:中国社会科学出版社,2000.

[101]【美】C·赖特·米尔斯普. 社会学的想象力[M]. 陈强,张永强,译. 上海:生活·读书·新知三联书店,2005.

[102]Werner J. Severin,James. W. Tankard,Jr.. 传播理论:起源、方法与应用[M]. 郭镇之,徐培喜等译. 北京:中国传媒大学出版社,2006.

[103]教育部社会科学研究与思想政治工作司主编. 马克思主义思想政治教育著作导读[M]. 北京:高等教育出版社,2001.

[104]本书编写组. 实践中的马克思主义新闻观——新闻报道经典案例评析[M]. 北京:高等教育出版社,2015.

[105]张钦. 普通心理学[M]. 北京:中国人民大学出版社,2012.

[106]黑格尔. 小逻辑[M]. 第2版. 北京:商务印书馆,1980.

[107]黑格尔. 精神现象学上卷[M]. 北京:商务印书馆,1981.

[108]列宁. 哲学笔记[M]. 中共中央马克思恩格斯列宁斯大林著作编译局译. 北京:人民出版社,1974.

[109]【美】道格拉斯·凯尔纳. 媒体奇观——当代美国社会文化透视[M]. 史安斌译. 北京:清华大学出版社,2003.

[110]习近平.《决胜全面建成小康社会 夺取新时代中国特色社会主义伟大胜利——在中国共产党第十九次全国代表大会上的报告》[M]. 北京:人民出版社,2017.

[111]William H. Shaw. 1978. Marx' Theory of History. Stanford University Press,15:23 -27.

[112]Wilson Dizard,Jr.. Old media/new media : mass communications in the information age[M]. 2nd ed. New York : Longman,1997.

[113]Rowland Lorimer, Mike Gasher. Mass communication in Canada [M]. 4th ed. Oxford : Oxford University Press,2001.

[114]editor - in - chief Arvind Kumar. The mass communication[M]. New Delhi : Anmol Pub. Pvt. Ltd. ,1999.

[115]S. Shiva Ramu. Cyberspace : and the repositioning of corporations

[M]. Hyderabad, India : Universities Pr. (India) Ltd. ,1999.

[116] D. L. LeMahieu. A culture for democracy : mass communication and the cultivated mind in Britain between the wars[M]. Oxford [England] : Clarendon Press ; New York : Oxford University Press, 1988.

[117] Tichenor, P. J. , Mass communication and differential Growth in Knowlede, Public OpinionQuarterly, 1970

学术期刊:

[1]刘浩三. 传统主流媒体在全媒体时代的融合之道[J]. 中国广播,2012(4):32－36.

[2]梁小建. 媒介融合中提升主流媒体舆论引导能力的思考[J]. 中国出版,2011(8):9－13.

[3]李慕原. 互联网时代主流媒体传播模式的创新与发展[J]. 学习与实践,2014(5):137－140.

[4]石秀杰,董树彬. 中国特色社会主义理论体系的社会传播路径——兼论当代中国马克思主义大众化[J]. 德育园地,2010 (1):61－62.

[5]高飞. 传统文化在当代中国马克思主义大众化进程中的学理分析[J]. 马克思主义研究理论月刊,2010 (4):21－24.

[6]工宁. 马克思主义大众化进程与国学传播热潮的关系探佚[J]. 学理论,2010 (11):47－48.

[7]张晓峰. 政治传播研究方法对马克思主义大众化研究的借鉴意义[J]. 现代传播,2010(12):8－12.

[8]谢加书. 论当代中国马克思主义大众化传播的三重维度[J]. 马克思主义理论月刊,2010(4):18－20.

[9] 洪建设,赵麟斌. 马克思主义大众化的整体性解读[J]. 科学社会主义,2010(6):53－56.

[10]袁君,熊永兰. 如何以网络推动马克思主义大众化[J]. 人民论

坛,2010(12):42－43.

[11]徐荣梅. 马克思主义大众化的传播需求及其效果[J]. 重庆社会科学,2010(12):88－91.

[12]吴尚忠,沈其新. 当代中国马克思主义大众化概念探析[J]. 湖北省社会主义学院学报,2010 (1):63－67.

[13]王国雨. 论马克思主义中国化与马克思主义大众化的辩证关系[J]. 齐齐哈尔大学学报(社会科学版),2010(1):22－24.

[14]章国锋. 哈贝马斯访谈录[J]. 外国文学评论,2000(1):27－32.

[15]何怀远. 关于推进当代中国马克思主义大众化的几个问题[J]. 南京政治学院学报,2008(3):15－18.

[16]刘书林. 当代中国马克思主义大众化与思想政治工作新任务[J]. 思想政治工作研究,2008(1):26－28.

[17]许颖. 从5W模式看媒介融合的“融合”与“细分”[J]. 国际新闻界,2008(6):70－74.

[18]刘扬. 转型时期的社会心态与价值观调节[J]. 江西社会科学,2002(6):143－146.

[19]丁汉青. 重构大众传播中传播者与受传者之间的关系——“传”、“受”关系的生态学观点[J]. 现代传播,2003(5):27－30.

[20]张晓月. 新媒体环境下主流媒体的意识培育与路径选择[J]. 编辑之友,2014(1):71－73.

[21]徐旭开. 浅析新媒体对马克思主义大众化传播的影响[J]. 新闻战线,2014(7):159－160.

[22]王宏涛,王宏武. 社交媒体:马克思主义大众化传播新途径[J]. 广西社会科学,2013(2):12－16.

[23]邓文钱. 从传播学视角开辟马克思主义大众化的新途径[J]. 党史文苑,2012(1):58－59,79.

[24]孙熙国,路克力. 马克思主义大众化与马克思主义理论的创新

和发展——改革开放三十年来马克思主义大众化的一条重要经验[J].探索,2008(6):156－160.

[25]曹泳鑫.马克思主义中国化时代化大众化的基本内涵和基本要求[J].毛泽东邓小平理论研究,2010(1):63－86.

[26]陈新丽.明星制度探讨——第二次世界大战后的明星化现象[J].法国研究,2006(1):71－77.

[27]王泉,朱岩岩.解构主义[J].外国文学,2004(3):67－72.

[28]李静静,汤子琼.高校推动马克思主义大众化的现状分析及对策思考[J].经济师,2009(1):111－114.

[29]李春会,赵继伦.马克思主义大众化传播的受众诉求与话语建构[J].重庆社会科学,2011(3):44－48.

[30]徐荣梅.马克思主义大众化的传播需求及其效果[J].重庆社会科学,2010(12):88－91.

[31]张春霞.少数民族地区马克思主义大众化传播的跨文化视角[J].内蒙古社会科学(汉文版),2013(5):162－167.

[32]王璜,王莉蕾.优秀主旋律影片对马克思主义大众化传播的启示——以《建国大业》、《建党伟业》为例[J].传媒观察,2012(4):31－32.

[33]金硕,李春会.中国共产党马克思主义大众化传播的成功经验[J].白城师范学院学报,2013(8):1－6.

[34]杨骅骁.从传媒语言看我国马克思主义大众化传播的短板[J].郑州轻工业学院学报(社会科学版),2012(2):33－37.

[35]赵继伦.马克思主义大众化传播与文化软实力的提升[J].新长征,2011(2):11－13.

[36]徐荣梅.政治传播视阈下领导干部与马克思主义大众化[J].天府新论,2011(6):7－11.

[37]郭燕来.当代中国马克思主义大众化传播方式新探——基于《共产党宣言》早期传播特点的历史启示[J].马克思主义理论研究,2010

(8):13-16.

[38]郭国祥. 毛泽东关于马克思主义大众化传播思想及其当代价值[J]. 党史论坛,2010(4):14-16.

[39]张品良. 苏区马克思主义大众化传播的标语文本解读[J]. 东南传播,2010(9):10-13.

[40]张静,赛北. 延安时期毛泽东文艺大众化思想对马克思主义大众化传播的启示[J]. 贵州社会科学,2011(7):45-48.

[41]张品良. 中央苏区是中国马克思主义大众化传播的开篇[J]. 江西青年职业学院学报,2014(8):26-29.

[42]壮丹丽."微时代"视域下马克思主义大众化传播策略探究——以"微博"为例[J]. 今日中国论坛,2013,(7):193-19.

[43]刘国武. 传播媒介视域下的马克思主义大众化传播研究[J]. 陕西教育,2014(8):26-28.

[44]邓文钱. 从传播学视角开辟马克思主义大众化的新途径[J]. 马克思主义研究,2012(1):58-78.

[45]杨骅骁. 从传媒语言看我国马克思主义大众化传播的短板[J]. 郑州轻工业学院学报(社会科学版),2013,13(1):33-37.

[46]壮丹丽,董德福. 从主体性到主体间性:马克思主义大众化传播方式的转向[J]. 江苏社会科学,2013(6):33-36.

[47]伍叶,罗国基. 当代中国马克思主义大众化传播机制下遭遇的困境及路径探索[J]. 内蒙古农业大学学报(社会科学版),2011,13(6):274-276.

[48]朱春阳,张亮宇,杨海. 当前我国传统媒体融合发展的问题、目标与路径[J]. 新闻爱好者,2014(10):25-30.

[49]黄家周. 党的十七大以来国内关于马克思主义大众化路径研究综述[J]. 理论与改革,2014(3):183-187.

[50]姜帆. 党媒在马克思主义大众化进程中的影响及对策[J]. 世纪桥 2014,(10):39-41.

[51]张福平,张云平．共创共享:马克思主义大众化传播的模式选择[J]．郑州大学学报(哲学社会科学版),2010,43(1):152－156.

[52]郭国祥,查超．近年来马克思主义中国化时代化大众化研究的回顾与思考[J]．探索,2014(4):24－28.

[53]刘新刚．近五年来我国“马克思主义大众化”研究述评[J]．中共石家庄市委党校学报,2014,16(2):44－48.

[54]王 鑫,周育国．论互联网在马克思主义大众化中的推动作用[J]．大连海事大学学报(社会科学版),2014,13(4):94－97.

[55]高乃云．论马克思主义大众化的网络传播境遇及策略优化[J].西南民族大学学报(人文社会科学版),2012(6):202－206.

[56]高奇,史衍朋．论马克思主义大众化融入社会主义文化发展的机制[J]．山东大学学报(哲学社会科学版),2014(5):63－69.

[57]段海超,元林．论马克思主义大众化网络传播[J]．高校理论战线,2011(6):49－52.

[58]谭可可．论网络新媒体马克思主义大众化传播的三重维度[J].湖南社会科学,2013(6):289－291.

[59]谭志敏,吴叶林．略论新媒体环境下高校马克思主义大众化的实现路径[J]．学校党建与思想教育,2014(7):60－63.

[60]吕治国．略论新媒体环境下马克思主义大众化的传播路径[J].思想理论教育导刊,2011,(9):40－43.

[61]张福平．马克思主义大众化传播的三个关键点[J]．郑州轻工业学院学报(社会科学版),2013,14(4):9－14.

[62]倪桓．多元对话:构建和谐传播心理——第六届全国新闻与传播心理研讨会暨中国社会心理学会传播心理专业委员会第三届年会会议综述[J]．现代传播双月刊,2008(6):133－135.

[63]王梓帆．西安工程大学艺术工程学院[J]．甘肃科技,2015,31(16):17－18,40.

[64]刘建军,关于当代中国马克思主义大众化的若干问题[J].思想

理论教育,2008(7):25 -30.

[65]周宇豪. 传统媒体与新媒体融合的现状与困境[J]. 青年记者,2014(10):56 -57.

[66]王宇. 大众文化传播背景下推进马克思主义大众化进程的思考[J]. 广西社会科学,2010(4):1 -4

[67]Xin Xu,Will Wai Kit Ma,Eric Wing Kuen See - To. Will mobile video become the killer application for 3G mobile Internet? a model of media convergence acceptance [J]. Information Systems Frontiers,2010,12 (3):311 -322.

[68]JoséA. García - Avilés,AndyKaltenbrunner,KlausMeier. MediaConvergence Revisited[J]. Journalism Practice,2014,8(5):573 -584.

[69]Daniel King,Paul Delfabbro,Mark Griffiths. The Convergence of Gambling and Digital Media: Implications for Gambling in Young People[J]. Journal of Gambling Studies,2010,26 (2):175 -187.

[70]Hua Jiang,Yi Luo,Owen Kulemeka. Social media engagement as an evaluation barometer: Insights from communication executives[J]. 2015 (12):4

[71]Ralph Tench,Brian Jones. Social media: the Wild West of CSR communications[J]. Social Responsibility Journal,2015,11 (2):290 -305.

学位论文:

[1]胡文闻. 网络文化发展视域下当代中国马克思主义大众化传播研究[D]:[硕士学位论文]. 武汉:华中师范大学,2014.

[2]杨洋. 新媒体推进马克思主义大众化研究[D]:[硕士学位论文]. 昆明:昆明理工大学,2013.

[3]王苏. 新闻传播推进马克思主义大众化问题研究[D]:[硕士学位论文]. 哈尔滨:哈尔滨理工大学,2014.

[4]马涛. 当代中国马克思主义大众化机制研究[D]. 河南大学硕

士论文,2010(5).

[5]郑波．论毛泽东对马克思主义大众化的历史贡献[D]．湘潭大学硕士论文,2010(5).

[6]李玉奎．苏俄马克思主义大众化存在的问题及其对当代中国的启示[D]．湖北师范大学硕士论文,2010(11).

[7]王素华．当代中国马克思主义传播的路径研究[D]．西北农林科技大学硕士论文,2010(4).

[8]李春会．马克思主义大众化传播研究[D]:[博士学位论文]．长春:东北师范大学,2011.

[9]鲁婉莹．传播媒介在马克思主义大众化中的作用[D]:[硕士学位论文]．郑州:河南大学,2011.

[10]蔡丹丹．新时期在青年学生中推进马克思主义大众化研究[D]:[硕士学位论文]．济南:齐鲁工业大学,2014.

[11]谢媚帆．以高校思想政治理论课为载体推进马克思主义大众化的研究[D]:[硕士学位论文]．南宁:广西大学,2013.

[12]周晶．儒家思想与马克思主义大众化传播研究[D]:[硕士学位论文]．长春:吉林农业大学,2011.

[13]郝晓丽．新中国文艺政策对马克思主义大众化影响研究[D]:[硕士学位论文]．太原:山西大学,2013.

[14]邵新顺．马克思主义大众化的历史经验研究(1919—1949)基于马克思主义发展史的视角[D]:[博士学位论文]．天津:南开大学,2012.

[15]李莹．"五四"运动时期马克思主义大众化传播问题研究[D]:[硕士学位论文]．西安:长安大学,2010.

[16]刘苏利．新中国成立十七年我国中小学德育活动初探[D]:[硕士学位论文]．西安:陕西师范大学,2012.

报纸文献:

[1]沈阳．人民日报新媒观察:媒体融合的四种思维和路径[N].

《人民日报》,2014-08-07(14).

[2]胡锦涛．高举中国特色社会主义伟大旗帜为夺取全面建设小康社会新胜利而奋斗——在中国共产党第十七次全国代表大会上的报告[N].人民日报,2007-10-25(1).

电子文献:

[1]李雪昆,赵新乐.《关于推动传统媒体和新兴媒体融合发展的指导意见》审议通过引业界关注——媒体深度融合热潮将至[OL].中国新闻出版报.2014/8/20.

[2]刘奇葆．加快推动传统媒体和新兴媒体融合发展．人民网-人民日报.2014/04/23/.

[3]十八大报告全文[OL]. http://www.xj.xinhuanet.com/2012-11/19/c_113722546.htm,2012-11-19. 新华网新疆频道.

[4]坚持正确舆论导向 唱响时代主旋律——习近平总书记在党的新闻舆论工作座谈会上的重要讲话引起强烈反响[OL]. http://politics.people.com.cn/n1/2016/0220/c1001-28136846.html,人民网.2016-02-20.

[5]苟东涛．浅谈媒体融合[OL]. http://yuqing.people.com.cn/n/2014/0925/c244089-25733441.html,人民网-舆情频道.2014-9-25.

[6]胡锦涛．坚定不移沿着中国特色社会主义道路前进 为全面建成小康社会而奋斗——在中国共产党第十八次全国代表大会上的报告[OL]. http://paper.people.com.cn/rmrb/html/2012-11/18/nw.D110000renmrb_20121118_1-02.htm,2012-11-8.

[7]全国宣传思想工作会议,http://www.12371.cn/special/qgxcsxgzhy/.

[8]杨驰原．媒体融合的现状与趋势[OL]. http://www.cssn.cn/xwcbx/xwcbx_gcsy/201506/t20150630_2054383.shtml. 中国社会科学网,2015-06-30.

[9] 中国互联网络信息中心 . http://cnnic. cn/gywm/xwzx/rdxw/2015/201601/t20160122_53283. htm.

[10]媒体融合:最重要的是职业传播者与受众的融合[OL]. http://study. ccln. gov. cn/fenke/xinwenchuanboxue/xwxkdt/xwqygz/88212. shtml 中国干部学习网 .

[11]习近平"让人民有更多获得感"道出百姓心声,肖映铭,人民网 - 中国共产党新闻网,2015 - 02 - 28, http://cpc. people. com. cn/xuexi/n/2015/0228/c385478 - 26613468. html.

[12]侠客岛 . 解读中央深改小组第四次会议媒体融合早有征兆[OL]. http://media. people. com. cn/n/2014/0819/c40606 - 25494047. html 人民网转载海外网,2014 - 08 - 19.

[13]焦点访谈:媒体融合:走稳走快走好 . http://news. cntv. cn/2014/08/27/VIDE1409145961502667. shtml,2014 - 8 - 27.

[14]列宁 . 青年团的任务(1920 年 10 月 2 日在俄国共产主义青年团第三次代表大会上的讲话)[OL]. http://www. 360doc. com/content/13/1216/09/12886702_337510391. shtml.

[15]2014 年中国移动互联网用户行为研究报告[OL]. 艾瑞咨询网. http://www. iresearch. com. cn/Report/2163. html.

[16]习近平 . 在纪念马克思诞辰 200 周年大会上的讲话[J]. 人民日报,2018 - 5 - 5,第 2 版。

致　谢

时间从不停下它匆忙的脚步，转眼间，紧张、充实而又快乐的三年博士生活已悄然过去两年。与同学老师们的相处，看似漫长却实为短暂。在匆匆三年读博生活中，虽然求学在离家千里之外，但我从未感到寂寞和孤单，我结识了许多良师益友，他们在学习、生活的各个方面给予了我无微不至的关心和帮助，从未给过我落寞寂寥的机会。是新疆这片土地，也是这片土地上的人，让我留恋不舍离开。当面说不出口的感谢，一并在这里传递给我深爱的你们。

我的导师吴琼教授是一个专业学术功底深厚却平易可亲热情豁达没有一点儿架子超级棒的人。她在学术上严谨有度、一丝不苟，最爱看她作报告或是讲话的样子，谈笑间问题说透，洒出一股女中豪杰的英气。在生活中她热情充沛、朝气勃勃、兴趣广泛，对学生全方位立体式关心帮助，经常组织师门活动，赶我们出去户外放松和感受自然，开阔视野和胸怀，她送给我一段充实而多姿的博士生活，总会把人心里暖得不要不要的。吴琼老师不仅是我的博士导师，也是我的家长，更将是我一生的师长和朋友。

感谢中国人民大学张新老师，这是一位学识渊博而又慈祥和睦的长者，许多作为学生的我们感到费解的难题，都会在他谈笑中悠然化解，让我们在课堂上下无时不感受到柳暗花明、醍醐灌顶的畅快。

感谢新疆财经大学栗迎春老师，她对待学术认真而严谨，观察社会问题有自己独特的视角，分析问题一针见血，具有一双独具识别能力的慧眼，每每让我们叹服。

感谢潘志平老师、韩隽老师，虽然我与两位老师的交往不及本方向的老师们频繁，但在有限的接触中，我深刻地感受到他们不仅在自身的专业领域资深博众，在其他相关领域也具有很令人叹服的能力。

感谢顾光海院长、郝新鸿老师、郭文惠老师、魏莉老师。虽然不给我们上课，但顾院长总是在课外文化生活中给予我很多信息，让我的校园生活有声有色。郝新鸿老师、郭文惠老师、魏莉老师就像姐姐般的朋友，给我的生活带来色彩。

感谢我的同门魏丽。她是一个集温柔和开朗、温暖和严谨、细致和果断于一身的人，跟她在一起时我最安心，虽然她的工作特别忙，却总是周到地替我安排打点好一切，随时提醒我的失误或不足，告诉我应该怎样改进提升，与我讨论分析社会问题，使我在生活学习中都受益良多收获匪浅。

感谢同窗翟宇，这个神奇的女子。她拥有外向到极致的性格，走到哪里都像太阳，炙热而闪亮。她知识面超广，对接触到的事物都有无穷的好奇心，看过的电影、电视剧都会去认真查出处、典故和历史背景，口才拔群，讲课能力令人叹服。

感谢同窗李可心。13 级中我俩同为 80 后，她是个一路未间断读到博士的孩子，非常羡慕她的英语授课能力，在给学生讲课的刹那，她的全身都笼罩着神采和光辉。

感谢同窗胡陈芳。开学时感觉她是个不太容易亲近的人，很有老师范儿。越是相处，越感受到她待人真诚而热情的心。哪怕一件小事，她都会牢牢记在心上，趁人不备就给个惊喜，让人暖融融的感动！

感谢同窗段会平。会平姐是我们这级的老大，大姐范儿十足，撑起我们这个小家庭的大梁，对我们每个人都照顾周全而贴心。在她家又吃又拿又打包的日子，充分享受到姐姐的宠爱感。

感谢同窗贾国栋。作为我们八个人中唯一的男生，被我们称为“闺蜜冻冻”。冻冻真的很称职，他热心、乐于助人，找他帮忙拉他做苦力从来不拒绝。工作也是非常认真，也是一个不承认自己是学霸的学霸。

感谢同窗李建荣。建荣姐是个工作非常拼命的人，经常加班早出晚归，劳模典范，但是对自己的身体太不注意，高高的个子却总是那么瘦，让人看着都心疼。

感谢师门学友、师弟师妹与我并肩前行一起畅游学海，让我享受到学习的乐趣，体验到生活的美好。

感谢我的发小杜崇秋、陈瑜、游婷和好友刘奕璇，在我紧张地为学业而忙碌时，她们给我鼓励和支持，时而为我担心时而为我骄傲的情绪我都感受得真真切切。共同走过这么多年，谢谢你们！

感谢人民日报出版社的陈红老师。在我读博的这三年期间，她从未间断对我的关心和鼓励，坚定我的信心，提升我的自信。她对我工作的肯定，对我继续学业的支持我会铭记于心。

感谢我所在课外社团 wondering 的朋友们，他们让我的课余文化生活丰富而精彩，带我走进一个之前从未涉足过的神奇多姿、斑斓绚丽的广阔天地。他们每个人都有一身洗不掉抖不落的才艺细菌：标准的播音腔、流利的外语、超还原的模仿、天籁般的歌喉、才华横溢的文案功底、惊为天人的改编能力……每每让我眼界大开叹为观止。嬉笑调侃的外表下，遮盖不住他们一颗颗正能量满满的心。这个令我流连神往的小小乌托邦，不仅拓宽了我的视野，更让我在学业之外的领域发掘了令自己惊喜的潜力，有缘结识你们我很快乐，谢谢你们！

三年，不足以一个幼儿褪去稚嫩，不足以一个少年缓释迷茫，不足以一个青年昭示雄心，也不足以一个中年人参悟时光。但是，三年却在暗暗地孕育和积蓄着每个人春笋破土、化茧成蝶的勃勃能量。在读博的三年里，不乏有人问我为什么要继续上学，为什么要选择马克思主义这个专业。从开始的语乏，到后来越来越清晰、坚定且自豪地将心中的信念表达出来，这个貌似不起眼的变化背后，是马克思主义在我心中扎下了牢牢的根。在博士群体中我的学习能力相对较弱，这总让我有深深的自卑感和紧迫感,最为惶恐的是因为自己的学识不足而在他人眼中给我的专业带来更深的偏见和轻视。

如今,我已是新疆农业大学马克思主义学院的一名思政课教师,毕业不是学习的终点,我会继续弥补自身的欠缺,将对理论的理解和感悟进一步融汇到今后生活工作的各个方面,用自己的行动尽最大的努力诠释一个马克思主义者的修为。